form
지식과 신앙, 그리고 회의
Wissen, Glaube und Skepsis

지식과 신앙, 그리고 회의

초판 1쇄 인쇄 2007년 8월 16일
초판 1쇄 발행 2007년 8월 26일

지은이 · 칼 뢰비트
옮긴이 · 임춘갑
펴낸이 · 방성열

다산글방
출판등록 · 313-2003-00328호
주소 · 서울특별시 마포구 합정동 441-23 동암빌딩
전화 · 02 338 3630 / 팩스 · 02 338 3690
dasangulbang@paran.com
www.dasanbook.com
값 7,500원

ISBN 89-85061-62-9 03100

Wissen, Glaube und Skepsis
지식과 신앙, 그리고 회의

칼 뢰비트 지음

임춘갑 옮김

다산글방

머리말

 이 책에 수록된 네 편의 논문은, 1951년에서 1956년까지 *Zeitwende, Wort und Wahrheit* 및 *Neuen Schweizer Rundschau, Merkur* 등 여러 잡지에 실렸던 강연에다 가필을 한 것이거나, 혹은 좀 더 상세하게 고쳐 쓴 것들이다.

 이 네 개의 논문이 다 같이 의도하고 있는 바는, 철학과 그리스도교 신학과의 관계를 역사적으로 음미하고 올바르게 해명하려는 것이다. 그러나 철학의 지(知)란 의심하고 모색하며 묻는 것이므로, 그 자체로서는 그리스도교 신앙으로부터의 대답과는 아무런 관계도 없다.

 철학적인 회의(懷疑)를 신앙과 관계를 맺게 한 것은, 그리스도교에 있어서의 신의 계시에 대한 신앙이라는 역사적인 사실인 것이다. 신앙이란 스스로 곰곰이 생각하는 한, 어차피 지식의 회의와 관계되지 않을 수가 없기 때문이다.

따라서 네 편의 논문은 다 같이 **철학적인** 의도를 지니고 있음에도 불구하고, **그리스도교적인** 사상가를 취급하고 있다. 누구나가 다 나면서부터 믿음이 돈독한 그리스도인인 것은 아니다. 그러나 누구를 막론하고, 존재하는 모든 것을 의심하고 탐구한다.

하이델베르크에서 1956년 5월

차례

머리말 ——————————— 5

1. 지식과 신앙 -------------------------- 9

2. 회의와 신앙 -------------------------- 55

3. 키르케고르의 신앙으로의 비약 ------- 105

4. 창조와 실존 -------------------------- 143

역자 후기 ——————————— 185

1. 지식과 신앙

(1)

지식과 신앙의 관계라는 오랜 문제는 오늘날 이미 낡아빠진 것처럼 보인다. 이미 150년 전에 헤겔은 「지식과 신앙」이라는 논문 속에서, 이 양자 중의 어느 한쪽을 취한다는 것은 그릇된 양자택일이라고 단정하고, 이 문제를 변증법적으로 해소시켜 버리고 말았다.

헤겔의 주장에 의하면 '우리의 진보된 교양'은, 이미 철학과 종교의 오랜 대립을 훨씬 넘어 버렸기 때문에, 지금에 와서는 이 구별이 철학 그 자체 속에 들어와, 단순한 오성적인 사유(思惟)와 사변적이고 이성적인 사유를 구별하기까지에 이르렀을 뿐만 아니라, 한편으로는 이성(理性) 역시 종교의 내부에 당당한 영향을 끼쳐, 기적신앙의 비판은 그 터전과 관심을 잃고 말았다고 한다.

이미 헤겔이 쓴 초기의 철학적 신학적 논문[1] 속에는, 빵과 포도주가 예수 그리스도의 살과 피로 변한다는 것이 이해할 수 없는 기적같이 생각되는 것은, 빵과 포도주를 두 개의 죽은 객체라고 생각하기 때문인데, 만일 이 두 개를 그것에 대한 우리의 정신적 종교적인 관계의 내부에서 내적으로 파악하고, 또 이 둘을 그것이 지닌 심오한 의미에서 파악한다면, 이 죽은 무의미한 객체는, 믿을 수도 있거니와 생각할 수도 있는 감성적, 초감성적인 것으로 화한다고 쓰여 있다.

헤겔은 그의 초기 논문에서, 그리스도교의 정신에 관해서 처음으로 철학적으로 생각한 바로 이것을 후에 『정신현상학』에서, '계몽사상과 미신과의 싸움'이라는 한 특별한 장(章)에서 상세히 취급하고 있다. 신앙과 계몽과의 대립은 외면적인 것이다. 왜냐하면 이 양자는 - 알아차리지 못하고 있지만 - 서로 영향을 주며, 같은 요소를 가지고 움직이고 있기 때문이다. 계몽된 지식과 계몽에 비하면, 어리석은 미신인 종교적 신앙은 헤겔에 의해서 절대자의 절대적 지(知)라고 불리는 것 속에 지양(止揚)되어, 그 속에서는 철학의 이성과 그리스도교의 신앙을 동일한 절대적 내용을 다만 형식상으로 다르게 '이해'되는 것으로서 동일하게 보아야 한다고 하고 있다.

　이와 꼭 같은 방법으로 가톨릭 측의 폰 바델[2]은 지식과 신앙의 분할을 우리의 종교적, 정치적 단결의 쇠퇴에 돌리고, 지식과 신앙의 항쟁이 근본적으로는 단지 한 가지 신앙과 다른 하나의 신앙 사이의 투쟁에 지나지 않다는 것을 보이려고 하고 있다.

　그러나 이성(理性)을 그리스도교 신앙 속으로 다시 끌어넣는 바델의 입장이나, 신앙을 철학 속으로 끌고 들어가는 헤겔의 입장이 과연 지식과 신앙의 본질적 구별을 사실상 없애버렸는지는 문제이다. 그런데 이것이 그렇게 되지 않았다는 것은, 바로 헤겔이 꾀한 철학과 종교의 조정이 이 낡은 대립을 다시금 초래하였다는 사실이 이미 역사적으로 입증하고 있다.

　즉 B. 바우어와 포이에르바흐[3]는 헤겔의 종교철학 속에서 숨은 무신론을 발견하였고, 마르크스와 키르케고르는 헤겔 좌파의 종교비판에서 두 가지 대립된, 그러나 똑같이 철저한 결론을 끄집어내었다. 즉, 마르크스의 무신론적 '유물론(唯物論)'은 세속적인 역사의 변증법만이 계시의 성격을 가지고 있다고 인정하여, 초자연적인 구제사건(救濟事件)에 대한 결정적 불신을 전제로 하고 있으나, 이에 대하여 키르케고르의 역설적 신앙은 헤겔의 철학적 신학과 세계사적으로 된 전체 그리스도교와 대립해서, 그리스도에 있어서 한번뿐인 신(神)의 계시를 고집하고, 그 밖에 모든 것을 단념한다.

키르케고르는 전통적인 신앙 내용을 환원시켜, 계시신앙을 그대로 받아들이는 결단이라는 한 점에 돌리고 있지만, 이것은 결국, 그리스도교적 신앙이란 이성적으로 탐구하는 지식, 즉 회의적인 지식에 터전을 두고 있는 것이 아니라, 오히려 모든 세속적인 지식에 대해서는 **실족**(失足)이라는 사실을 다시금 밝힌 셈이다. 탐구하며 철학하는 불확실성과 그리스도교적 신앙의 확실성은 틀림없이 서로 반발하지만, 또한 그렇게 함으로써만 서로 촉진할 수가 있다. 그러나 이 양자는 그 본질적인 구별을 '초월자에게로의 초월'이라는 단편적 운동이라든가 '존재의 사유(思惟)' 따위 속에서 평탄화될 수는 없다.

키르케고르의 역설적 신앙은 충격적이고 각성적인 역할을 하였으나, 그 영향을 받은 1920년대의 신학과 철학의 전개를 본질적으로 규정짓지는 못하였다. 기성 '그리스도교계'에 대한 키르케고르의 공격이 있은 후, 프로테스탄트 신학의 내부에서는 교회교의학(敎會敎義學)으로의 복귀운동이 일어났고, 또 철학적 '체계'에 대한 키르케고르의 공격은, 신에 대한 신앙 대신에 '초월자의 암호'를 생각해 냈거나, '존재'를 생각하는 실존철학으로 이끌어가고 말았다.

야스퍼스⁴⁾는, 철학과 그리스도교적인 종교와의 구별은, 영혼과 신의 관계를 실존이 초월자에게로 움직이는 운동이라고 해석하는 '철학적 신앙' 속에서 부동(浮動)하고 있다. 또 하이데거⁵⁾는 생각하면서 따지는 일이, 한편으로는 학문의 지식 속으로 또 다른 한편으로는 신앙 속으로 타락하고 만 '고약한 존재의 운명'의 방향을, 본질적인 사유(思惟)는 벌써 그 자체가 하나의 정성어린 '사색'이고, 물음이란 사유의 '경건(敬虔)'이어야 한다고 하여 그 방향을 돌려보려고 하였다.

현대의 독일 철학은 참이란 무엇인가를 알려고 하지도 않거니와, 또 회의(懷疑)의 불확실성에 대해서도 그것에 어울리는 지위를 부여하려고도 하자 않고 있다. 그렇다고 해서 전통적인 그리스도교의 신앙을 굳게 지키려고도 하지 않는다. 현대의 독일 철학은, 즐겨 시(詩)를 인용하고 있는 것으로도 알 수 있듯이, 모호한 종교성 속으로 도피하고, 철학이 활개를 침으로써 종교적인 실체(實體)의 결여를 메우고 있다. 이제 사람들은 이미 단순한 억견(臆見 ; doxa)이 무엇이고, 참 지식(episteme)이 무엇이며, 순수한 신앙(pistis)이 무엇인지를 구별하지도 못하고 또 구별하려고 하지도 않는다.

헤겔이 낭만주의적인 그 당시의 사람들을 향하여 토로한 비판[6]은, 여전히 혹은 다시금, 오늘날의 인간들에게도 들어맞는다. 헤겔은 다음과 같이 말하였다. 즉, 시대의 정신은 하도 빈약해져서, 사람들은 - 이제나 혹은 장차가 아니라 언제나 - 존재하는 것을 통찰하는 일 대신에 신앙심을 앙양(昻揚)하기를 갈망하고, '여러 가지 상이한 사상을 뒤섞고', 그런 모호한 상태 속에서 단편적인 것의 감정이나 내용이 없는 얄팍한 감정을 지니고, 그러면서도 주관성을 존재의 본질 속에 잠가두었다고 생각하고 있다고. 계속해서 헤겔은 다음과 같이 말하였다. 즉, 전혀 아무런 터전도 없는 그 까닭에 신비스럽고 은밀하게 보이고, 또 표명할 그 무엇도 배후에 지니지 못한 까닭으로 인해서 오묘하게 보이는 따위의 것은 심오한 것이라고는 말할 수 없다고. 그러나 철학은 건덕적(健德的)이기를 원하거나 신성(神性)이라는 '미끼'에 달라붙지 않도록 해야 한다고. 물론 헤겔 자신도 구별하는 개념을 그만큼 전개하였음에도 불구하고, 칸트의 웅장하고 냉정한 사유를 저버리고, 그가 비판하고 있는 이 심오한 사상에 이바지하였으나, 자기 자신에 관해서는 헤겔도 그런 것을 개의치 않고, 오로지 자기의 반대자에 관해서만 그것을 의식하고 있었다.

(2)

 칸트는 『순수이성 비판』에서[7] 억견과 신앙과 지식을 각기 서로 다른 인정(認定)의 방법으로써 구별하고 있다. 억견이란 주관적으로는 단순한 억단(臆斷)으로서, 또 객관적으로는 생각되는 것의 진리성에 관한 불충분한 인정이다. 신앙이란 주관적으로는 신앙의 확실성으로서 충분한 인정이지만, 신앙 대상의 객관적인 진리성의 면에서 본다면 불충분한 인정이다. 학문적인 지식만이, 그 자체의 확실성이란 점에서나, 또 알려진 것의 객관적인 진리성이란 점에서 한결같이 충분한 인정이다. 학문적으로 증명할 수 있는 진리를 단순히 억단하거나 신앙한다는 것은 불합리한 얘기이다. 2+3=5라면, 나는 이미 그것을 알고 있기 때문에 억단도 않거니와 신앙하지도 않는다.

 이론적인 인정의 각기 다른 이 세 단계와는 따로이, 칸트는 각기 다른 실천적인 인정의 방법을 논하고 있다. 즉 학문적 신앙, 윤리적 신앙, 실용적 신앙이 그것이다. 학문적 신앙이란, 예컨대 현명한 세계창조자를 신앙하는 따위를 말한다. 세계창조자는 자연적인 세계로부터는 실증되지가 않지만,

증명이 가능한 자연의 법칙성에 그 근거를 두고 있으므로 단순한 억단 이상의 것이다. 윤리적 신앙이란 우리의 행위를 헤아리는 신과 내세를 믿는 것이다. 이 윤리적 신앙 역시 증명이 가능한 것은 못 되지만, 우리들의 윤리적 이성의 조건으로서 승인할 수 있다.

물론 우리는 그런 신이나 내세에 관해서는 아무것도 아는 바가 없지만, 그러나 그것에 관해서 윤리적인 확신은 가질 수가 있다. 적어도 신이나 내세가 **없다**는 것은 확실하지가 않다고 할 수 있다. 실용적 신앙이란, 의사가 환자를 고치기 위해 병의 참 원인도 분명히 모르고 일반적으로 처방을 하는 경우와 같은 신앙이다. 신앙적인 연결이 어느 정도 확실한가를 시험해 보기 위해서는 도박을 해보면 된다. 건 돈이 많으면 많을수록 우리의 신앙적 불확실함이 분명해진다.

그러나 우리는, 도대체 그리스도교적 신앙이 '학문적' 혹은 '윤리적' 신앙으로 규정되고, 인정이라는 일반적인 개념 속에 넣어서, 일반적으로 지식이나 억견과 나란히 놓아도 좋을까 하고 칸트를 향하여 질문하지 않을 수 없다. 진정으로 그리스도교적인 의미로 신앙하고 있는 사람은, 단순히 인정하고 있을 뿐만 아니라, 자신의 신앙과 신 앞의 대상에 대하여 확신을 지니고 있다. 욥, 바울, 아우구스티누스, 루터, 파스칼 등의 입을 통하여 표현되고 있는 신앙이란 고난을 겪은 후에 쟁취한 무조건적 신뢰로서 이것은 학문적 혹은 윤리적인 인정 이상의 것이고, 그런 것과는 별개의 것이다. 그리스도교적인 신앙은 결코 어떤 일을 인정하는 경우에서와 같이 인정할 수 있는 어떤 한 가지 일에 관계하는 것이 아니라, 어떤 인격을 개인적으로 신앙한다는 것이라는 이유로 미루어 보아서도, 이미 그것은 단순한 인정이 아니다.

그러나 어떤 인격을 신앙한다는 것은 그 인격의 **말을** 믿는다는 것과는 다르다. 아우구스티누스는 이 구별을 분명히 하였다.[8] 악마도 예수의 말은 믿었지만, 그러나 예수를 신앙하지는 않았다. 신을 신앙하는 자는 신의 말씀을 믿는다. 그러나 신의 말씀을 믿는 사람은, 이미 신을 신앙하고 있다고는 말할 수 없다. 그러므로 그리스도교도는 사도 바울의 말을 믿기는 하지만, 바울을 신앙하지는 않는다. 어느 누구를 신앙한다는 것은 그에게 무제한으로 마음을 쏟고 그에게 꼭 매달리고, 그를 전폭적으로 신뢰하여 사랑하고, 그에게 일체를 기대하는 것을 말한다. 이렇듯이 무조건적으로 기대하는 신앙은, 사실상 그 자체가 신으로부터의 은사(恩賜)이고, 동시에 인간의 의지이기도 하다. 신의 의지를 자진하여 실현한다는 것은 그리스도교적인 의미의 신앙에 속하는 일이다.

칸트의 이론이성(理論理性)과 실천이성(實踐理性)의 구별이나, 그의 억견과 지식과 신앙의 구별도 오늘날에 있어서는 이미 생명이 없다. 칸트의 이성개념은 헤겔에 의하여서 한낱 오성(悟性)개념으로 매장되고 말았다. 또, 억견과 지식과 신앙이라는 구별 역시 딜타이 이후로 지배적이 된 '요해(了解)'라는 개념에 의해서 말살되고 말았다. 방법 여하에 따라서는 모든 것이 이해되지만, 알려지는 일이란 극히 드물다. 억견과 지식과 신앙이라는 이성적인 구별은 해소되고 말았다. 지식의 회의에 견뎌내지 못하는 자가 온갖 종교적인 것을 고분고분 받아들여, 철학을 종교의 대용품으로 삼으려고 애쓰는 것이 바로 현대의 특징의 하나이다.

(3)

낭만주의와 계몽에 대한 낭만주의의 적대의식까지 더듬어 올라가는 시대사적인 상황을 떠나서, 지식과 신앙적 관계 여하에 관한 문제에 대하여 그 이전까지 이르는 전망을 얻고자 한다면, 우리는 서양철학 초기와 그리스도교가 고대 세계로 들어가는 대목까지 이끌려가게 된다.

철학은 그리스에 있어서, 모든 사물의 본성을 알고자 한 로고스가 당시 지배적이었던 신화로부터 해방되었을 때에 비롯되었다. 그리고 그리스도교의 전통의 내부에서, 새로운 자연철학이 아리스토텔레스의 자연학 및 그리스도교의 교의(敎義)의 권위에서 해방되었을 때 다시 한 번 시작되었다. 우리는 누구나가 그리스의 신화나 그 신화에 나오는 제신(諸神), 그리고 그리스도교의 교의가 지닌 풍요한 상징 같은 것을 회고할 수는 있으나, 일단 지식욕(知識慾)으로의 첫 발을, 따라서 탐구라는 회의의 첫걸음을 내디디면, 그때는 이미 다시는 신화나 교의를 되찾아 옹립할 수가 없다.

그러나 그리스도교라는 사건 이래로는 모든 철학적인 물음과 사유는 그리스도교적인 계시에 대한 욕구로 말미암아 제약되고 방해되고 있음을 알고 있기 때문에, 회의라는 도정(道程)에 머무른다는 것은 극히 어렵다. 고대의 철학은 단지 지식과 억견과의 구별밖에는 알지 못하였다. 그리스도교 이후의 철학은 한 걸음 더 나아가서 지식과 신앙의 구별도 알고 있다. 그리스도교 이후의 철학 전체의 십자가는, 철학이 그리스도교적일 수도 없고 - (만일 그렇다면, 그것은 이미 철학이 아닐 것이니까) - 그렇다고 해서 그리스도교적인 계시에 관해서 전혀 아무것도 듣지 못한 듯이 그리스도교 이전의 꼴로

머무를 수도 없다는 점이다.

그 결과로써, 데카르트의 신의 증명에서 헤겔의 종교철학에 이르기까지, 헤겔의 '사변적(思辨的) 수난금요일'에서 니체의 반(反) 그리스도에 이르기까지, 그리고 니체에서 하이데거의 '신의 죽음에 관한 니체의 말에 관한 논문'[9]에 이르기까지, 철학은 독특한 모호함 속에서 움직이고 있다. 이 모호성은 신의 존재를, 신앙이 없이, 전적으로 이성적으로 자기의식으로써 논증하고 나서, 신앙하지 않는 사람들을 위하여 그 논증을 파리 대학 신학부에 바친 데카르트의 시도에서 이미 시작하였던 것이다.

데카르트의 철학적인 신의 증명은 그리스도교적인 신앙의 뒷받침으로도 간주되지만, 또 마찬가지로 그리스도교 신앙의 비판으로도 해석된다. 그리고 근대 철학의 역사를 통하여 본다면, 근대철학이 그리스도교의 전통을 철학적으로 동화(同化)하였다는 것이 도대체 공격인지 혹은 방어인지 분명히 결정할 수가 없다.

계시의 이성적인 비판으로서 데카르트 및 스피노자[10]와 더불어 시작되었고, 그리고 칸트의 종교적인 저술에 있어서(칸트가 말하는 의미에서 이것은 참이다) 윤리적·이성적인 '신앙'이란 신앙을 전혀 필요로 하지 않는 그런 신앙이라고 하는, 참으로 현저한 전환으로 이끌어가게 된 그것이, 18세기의 딜타이에 와서는 이성적 역사학 비판이라는 결과를 낳았고, 이윽고 하이데거에 와서는 본질적인 사유라는 것을 선언하고, 이 사유에서는 학문적인 이성이나 신앙은 모두가 '사유(思惟)의 붕괴'라고 단정해 버렸다.

그러므로 여기서 자연히 문제되는 것은, 이성적인 지식욕이 종막을 고하고, 신앙과는 분명히 인연이 끊어진 오늘날과 같은 곤궁한 상황으로부터 환히 트인 곳으로 통하는 길이 있느냐 없느냐 하는 점이다. 아마도 이 길은 철학적 지식욕과 그리스도교적인 신앙이 역사상에서 비로소 마주친 교차점을 간단히 상기해 봄으로써 열릴 것이다.

(4)

지식과 신앙이라는 관계의 문제는, 철학적 지식이 자진하여 신앙과의 관계를 맺는다는 것을 전제로 한다. 그러나 이러한 전제는 그리스 철학 전체를 훑어보아도 찾아볼 수 없다. 그런데 그 후의 모든 철학은 바로 이 그리스 철학에 유래하고 있는 것이다. 이 전제는 다만 그리스도교 이후의 철학에만 들어맞는다. 그러므로 지식과 신앙의 관계를 규정하기 위해서는 우리는 신에서부터 출발해야만 한다. 지식과 신앙을 분리해 보려는 시도나, 또는 이 둘을 융합해 보려는 시도나, 그 어느 것을 막론하고 모두가 그리스도교 내부에서의 문제이다.

이 일에 대하여 결정적인 구실을 하는 것은 바울의 신학이다. 바울은 이 세상에서의 지혜로서의 철학의 지식을 신앙의 참 지혜로부터 구별하고, 신앙적 지혜에 대한 관계를 본다면, 이 세상의 지혜는 하느님 앞에서는 어리석음이라고 한다. 그런데 그 신앙이란 신약성서 속에서는 믿음의 확실성으로서 표시되어 있지만, 그러나 그것은 이론적인 증명에 터전을 두고 있는 것이 아니라, 볼 수도 없고 통찰할 수도 없는 것을 무조건 신뢰하는 데 터전을 두고 있다. 세속적으로 보아서 명백한 통찰과 눈에 보이지도 않고 알 수도 없는 것을 믿고 신뢰한다는 이 양자택일은, 신학과 그 신앙개념에 있어서뿐만 아니라, 철학과 지식 개념에 있어서도 그 후 시종일관 존속되어 왔다.

철학은 18세기에 이르러서도 역시, 이 세상의 것이 아닌, 전혀 이질적인 지혜와 구별되어 '세속의 지혜'라고 불렸다. 그리스도교 이전의 고대의 사유는, 세속적인 지혜와 초세계적인 신앙이라는 이 양자택일의 범위 내에서 움직이고 있지는 않다.

그리스 철학은, 신이나 신적인 것이 무엇인가 하는 것까지를 포함하여, 통틀어 존재하는 것을 알려고 한다. 그러나 지식이 있는 곳에는 반드시 증명이 있고, 따라서 신의 증명도 있다. 이 신의 증명은 신앙을 전제로 하지를 않고, 신적인 것을 눈에 보이는 세계와의 관계에 있어서, 혹은 직접 코스모스 안에서 입증한다. 그러므로 고대의 신학은 다분히 신학적 존재론이나 신학적 우주론이지, 신앙의 신학이 아니다.

고대의 신의 증명이 그리스도교의 그것과 다른 점은, 고대의 그것이 신의 **존재**보다는 신의 **본질**, 제신(諸神)의 본성(nature deorum)[11]을 묻고, 제신의 존재를 일반적으로 전제하고 있다는 점이다. 제신의 본성은 자연적 세계 안에 제시되어 있고, 따라서 자연신학으로 실증이 가능하다. 안셀름에서 파스칼에 이르기까지의 그리스도교의 신의 증명의 모두가 우선 하느님의 존재를 묻고 있는 것은, 그리스도교의 신이 모든 존재자의 초세계적이고 눈으로 볼 수가 없는 창조자이기 때문이다.

이 신의 존재는, 이미 존재하고 있는 것 속에서는 결코 실증되지가 않기 때문에 , 반드시 증명이 되어야만 한다. 성서의 하느님을 하느님이 창조한 사물로부터 간취할 수는 없다. 왜냐하면 하늘과 땅을 비롯하여 눈에 보이는 세계 전체를 하느님의 창조물로 보기 위해서는, 미리부터 그런 것들을 창조한 창조자에 관하여 알고 있어야만 할 것이지만, 창조자에 관해서는 단지 성서 속에 있는 하느님의 말씀을 믿음으로써 알 수 있기 때문이다.[12]

본래가 **그리스도교적인** 신의 증명은 하느님에 대한 신앙의 터전을 닦기 위한 하나의 보조책으로 쓰려고 한 것이 아니다. 오히려 그것은 신앙을 전제로 하고, 그 후에 이 신앙을 자연적인 이성에게도 알 수 있도록 하고자 하는 것이다.[13] 그러므로 그것이 오히려 증명에다 중점을 두려고 한 이상 철학적인 비판의 대상이 된 것은 당연하다. 믿음이 돈독한 신학자의 신의 증명과 이에 대한 철학의 비판이라는 이 두 가지는, 철학적 지식과 그리스도교의 신앙이 별개의 것이지 하나가 아니라는 것을 전제로 하고 있다.

고대에 있어서는 신학과 철학이 서로 대립되어 있지 않았다. 고대에 있어서는, 신학이란 최고 존재자에 관한 최고의 지식이었으므로, 그것은 철학의 본질적인 부분을 이룩하고 있다. 문제는, 사람은 신을 알 수 있는가? 사람은 우선 신을 믿어야 할 것인가? 하는 것이 아니라, 사람은 신적인 것을 그것이 통속적인 종교의 억견으로 생각되고 있는 이상으로 더 잘 알 수 있는가? 하는 것이었다. 따라서 통속적인 제신의 이야기나 신화와 결별하지 않을 수 없었던 그리스 철학의 경우는, 철학신앙의 교의상의 요구와 결별하든가 하나로 융합하든가 해야 하는, 그리스도교 이후의 철학이 지식에 대하여 하는 것과는 전혀 관계가 다르다.

고대의 철학은 지식과 신앙이라는 양자택일의 범위 안에서 움직이고 있는 것이 아니라, episteme(참 지식)와 doxa(臆見)라는 구별의 범위 안에서 움직이고 있다. doxa는 억견 또는 신앙이라고도 번역된다. 우리들이 orthodoxie(正敎)라는 말을 쓸 때, 그 doxie라는 것은 신앙이라는 의미에서의 doxa를 의미하고 있다. 그러나 참 지식으로서의 episteme를 척도로 가늠한다면, doxa는 결코 신약성서의 pistis(信仰)라는 의미에서의 신앙이 아니라, 단순한 인정이라는 의미에서의 신앙이다. doxa가 인정하는 것은, 실상은 참답게 보일 뿐인 모호한 진리이다. 사람들은 어떤 것이 이러저러하다고 알고 있다고 생각하고 또 그렇게 믿지만, 실은 참으로 그것을 알고 있는 것이 아니다.

doxa와 episteme와의 이 구별은 어떠한 철학적 고찰에 대해서도 기초적인 것이지만, 그리스도교적인 신앙과 지식의 전체 단계와의 사이에 있는 구별처럼 철저한 것은 아니다. 즉, 눈에 보이지 않는 것에 대한 신앙에서, 증명과 확인이 가능한 것에 관한 지식으로의 이행은 있을 수 없는 일이지만, 억견적인 지식으로부터 참 지식으로의 상승은 충분히 있을 수 있다. 소크라테스는 일생을 통하여, 말을 주고받는 상대방의 선입견을 따짐으로써, 점차로 상대방을 본래의 지식으로 혹은 자신의 무지의 자백으로 이끌어갔을 따름이었다. 이와는 반대로, 그리스도교적인 의미에서의 신앙은 결코 단순한 인정도 아니려니와, 아직 모르는 지식도 아니다. 따라서 그리스의 경우에서와 마찬가지로 이 신앙이 명백한 지식으로 옮아가는 일은 없다. 그리스도교적인 신앙은 입증이 가능한 지식의 단순한 전(前) 단계가 아니기 때문이다.

신약성서적인 신앙의 개념은 그리스의 사유(思惟) 속에는 존재하지 않았다. 플라톤에게 있어서는 pistis가 doxa의 한 형식을 의미한다. pistis적 범위 안에서 움직인다는 것은, 플라톤에게 있어서는, 아직도 감각적인 오성(悟性)의 범위 안에서 움직이는 것이었다. 프로크루스에 와서야, 즉 그리스도교 이후에 이르러서야 비로소 pistis가 gnosis(인식) 위에 서게 되었다. 그러나 그 프로크루스에 있어서도 pistis는 역시 약간 고차원적인 통찰의 일종으로 해석되었다. 신앙이 통찰보다 선행해야 한다거나, 신앙이 보다 높은 진리를 걷게하여 준다는 등으로 생각한다는 것은 플라톤에게는 어리석은 일로 생각되었을 것이다.

고대의 철학으로서는 지식과 신앙의 문제적인 관계는 애당초 문제가 아니었고, 지식과 억견이라는 이 두 개의 서로 다른 인지(認知)방법의 관계야말로 문제였다고 하는 것이 옳다고 한다면, 그리스 철학 속에는 그리스도교 이후의 무신론의 의미의 무신앙자는 없었다. 정통 신앙자, 사교도, 무신앙자의 구별은 고대에 있어서는 적합하지 않다. 정교(正敎)가 있는 곳에만 이단(異端)이 있을 수 있고, 신앙자가 있는 곳에만 무신론자가 있을 수 있다. 고대에 있어서는 무신론이란 신앙에 대립하는 것이 아니라, 폴리스(polis)의 종교적인 터전과의 관계에 있어서의 일종의 정치적 이단이다.[14]

무신론은 독신(瀆神 ; asebeia)이고 독신은 불경이고, 따라서 폴리스에 의하여 벌을 받았던 것이다. 소크라테스는 신을 모독하였다고 해서 고발을 당했다. 그는 제신을 공경하지 않고, 다른 새 제신을 공경하였기 때문이다. 그리고 종교문제에 있어서 이러한 혁신은 대개가 철학자와 시인 측에서 제창되었기 때문에, 어차피 신적인 것에 관한 시적(詩的)인 혹은 철학적인 해석이 물의를 자아내지 않을 수 없었다. 물의를 일으켰다고는 하지만, 그것은 교회나 그 교회의 신학자들과의 사이에서 야기된 것이 아니라(그런 것이 존재하지 않았기 때문에), 공공연하게 승인되어 있던 국가 종교와의 사이에서였다.

피타고라스, 아낙사고라스, 아리스토텔레스, 테오프라스토스 같은 사람들은 모두가 제신을 모독하였다는 까닭으로 죄를 입고, 국외로 피하거나 일시적으로 피신하는 술책을 썼다. 사르트르가 그의 결정적인 무신론 때문에, 야스퍼스가 비정교적이고 철학적인 신앙 때문에, 또 하이데거가 거룩한 것에 관하여 언급한 까닭으로, 국가에 대하여 위험한 혁신을 제창한다는 이유로 법정에 호출을 당한다는 것 따위는 생각할 수 없는 일이나, 그들의 저서가 교회의 금서목록에 오른다는 것은 있을 수 있다.

(5)

이교(異教)의 세계에 결정적인 혁신이 찾아온 것은, 비국가적인 전혀 다른 그리스도교적인 신앙에 의해서였다. 그리고 그리스도인들은 처음 여러 세기 동안, 이교도들로부터 무신론자로 간주되었고, 다시 정치적인 의미에서는, 오래된 폴리스(polis)와 코스모스(kosmos)의 제신(諸神)을 신앙하지 않는, 그야말로 국가에 대하여 위험천만한 혁신자라고 불렀다. 반대로, 그리스도교의 호교자(護敎者)들에게는 이 이교도들이 무신론자로는 보이지 않고, 너무나도 많은 신과 악마를 신봉하는 미신가로 보였다. 그러므로 야릇하게도 이교도들은 '다신교적(多神敎的) 무신론자'[15]라고 불렀다. 진정한 무신론이란 것은, 그리스도교가 이교를 극복하고 이교적인 예배를 폐지하고, 세계 및 인간의 일체의 행위를 거룩한 것으로 만들고 있던 이교의 허다한 신들의 권위를 박탈해 버림으로써 비로소 가능하게 되었다. 즉, 초세계적이고 유일한 창조신을 향한 배타적인 그리스도교의 신앙이, 일단 믿을만한 가치가 있다고 생각될 때, 그때야 비로소, 코스모스와 폴리스라는 세계가 신으로부터 버림을 받은 그 어떤 세속적인 것으로 화해 버린 듯이 보이는 것이다. 그리스인이나 로마인 및 그들 중의 철학자들에게는, 심지어는 에피쿠로스에게도, 세계가 신으로부터 버림을 받은 세속적인 것으로 화해 버린다는 생각은 전혀 없었다.

그리스도교 이전의 무신론과 그리스도교 이후의 무신론의 차이는, 고대의 렐리지오(religio)와 그리스도교의 신앙만큼

이나 큰 것이지만, 그와 마찬가지로 의심 역시 그리스도교에게는 고대에 있어서 보다도 전반적으로 훨씬 강렬해졌다. 철학적 회의와 그것에 대한 그리스도교적인 의심의 대립이 첨예화됨에 따라서 확실성의 문제, 즉 신앙의 확실성의 척도의 문제도 첨예화되었다. 확실성으로서의 진리의 문제는 보통 데카르트까지 환원된다. 데카르트가 학문의 진리를 지식의 확실성 위에다 세웠기 때문이다. 그는 방법적 회의(懷疑)로써 일체의 불확실한 지식을 배제하고, 의심할 수 없는 진리에 도달하고자 하였다. 지식의 주관적인 확실을 매개(媒介)하는 데카르트의 객관적인 진리의 규정은, 그 후 헤겔의 현상학(現象學)에서 변증법적인 결산에 도달하였다. 절대적인 지(知)에 있어서는 내게 대한 확실성과 진리 그 자체가 합일된다.

그러나 데카르트와 헤겔은 다 같이 그리스도교의 전통 속에서 종교개혁 이후에 사색하고 있으나, 확실성으로서의 진리에 대한 욕구 혹은 새로운 데카르트 식의 학문보다도 훨씬 오래된 것이다. 이 욕구는 unum necessarium, 즉 없을 수 없는 일자(一者)와 그것을 위하여 필요한 확실성에 관한 구제(救濟)의 진리로서의 진리라는 그리스도교적인 전제에서 생겨난 것이다. 테르툴리아누스, 아우구스티누스, 루터, 파스칼과 같은 사람들에게 철학적 회의론이 견디기 어려웠던 것도,

역시 이 그리스도교적인 전제 때문이었다. 그들은 모두가 그 때문에 철학적인 회의론과 대결하였다. 테르툴리아누스와 아우구스티누스는 고대의 회의론과, 루터는 에라스무스의 회의적 고백과, 파스칼은 고전적인 논의를 되풀이하는 몽테뉴의 회의와 대결하였다. 신앙의 확실성과 철학적인 회의론과의 이 싸움은 유럽의 정신사(精神史)를 일관하는 테마로서, 그것의 현대적인 표현의 하나가 그로텔과 지드의 왕복서신이다.

그리스도교적인 사상가 중에서도 파스칼은, 학문적인 회의에 대하여 가장 광범위한 활동의 여지를 준 사람으로서, 그는 신의 증명을 수학적인 확률계산의 형식으로 구성하고 가능한 한 회의가의 이론(異論)에 대항하려고 하였다. 신앙의 확실성이라 할지라도 인간에게 아무런 보증을 주지 않기 때문이다. 그러나 파스칼은 이렇듯이 지식 및 신앙의 문제에 있어서의 불확실성을 인정하기는 하였으나, 그의 경우에는 그 배후에, 그리고 그것을 넘어서, 궁극적인 확실성으로의 무조건적인 욕구가 있고, 이 확실성은 영혼의 구원이라는 확실성을 요구하기 때문에, 알 수 있는 것, 논증할 수 있는 모든 것을 상대화한다.

마찬가지로, 루터에게도 신앙의 확실성은 법열(法悅)에 잠

기거나 지옥에 떨어지거나 하는 것을 결정하는 것이므로 매우 중요하다. 루터가 에라스무스에 반대하여 쓴 글 중에는 "불확실성만큼 구원을 받지 못하고 지옥에 떨어지는 것과 흡사한 것이 달리 있을까? 확실성 이상으로 법열에 넘친 것이 있을까?"라는 글귀가 있다.

루터는 자유의지에 관한 에라스무스의 저서를 불확실한 서적이라고 하고, 그렇기 때문에 위험하다고 했다. 그러나 루터의 신앙의 확실성 역시 위험을 내포하고 있는 것이 아닐까 하는 점이 문제인 것은 물론이다. 하물며 루터는 이 확실성을 변호하기 위하여 자기 자신의 통찰, 따라서 잘못을 저지를 수도 있는 그런 통찰에 의지하고 있는 것이 아니라, 전적으로 논의할 여지가 없는 궁극의 법정으로서의 성령(聖靈)에 의지하고 있기 때문에 이것은 더욱 문제가 된다. "성령은 회의가가 아니다. 성령은 우리들의 마음에 불확실한 미망(迷妄)을 기록해 주지 않고, 힘차고 웅장한 확실성을 기록해 준다. 그 확실성은, 지금 우리가 신의 창조물로서 살고 있다는 것이나, 둘에 셋을 합하면 다섯이 된다는 것 따위보다도 더 확실하고 견고하다."

우리들에게 필요한 것, 그러면서도 우리가 완전히 확신하고 있어야만 하는 것, 그런 것 중의 하나로서 루터는 자유의

지와 사로잡힌 의지에 관한 교설을 들고 있다. 자유의지가 무엇을 할 수 있으며, 무엇을 하지 못하는가에 관하여 확실히 알고 있지 못하는 사람은 하느님의 의지와 은혜가 무엇을 할 수 있는가도 알 수 없기 때문이라고 루터는 말하고 있다. 특히 의지의 자유라는 문제에 있어서는, 사람들은 가장 확실하게, 명백한 긍정이냐 부정이냐는 의미에서 결정을 해야만 한다. 이런 일에 불확실한 자는 그리스도인이 아니라고 한다. 루터는 이 신앙의 확실성을 assertio fidei라는 말로 표현하고 있다. 이 asserere란 굳게 어떤 가르침을 계속적으로 신봉하여, 그 가르침을 신앙이라는 형식으로 사람과 하느님 앞에서 고백하는 일이라고 루터는 말하고 있다.

물론 이런 일은 unum necessarium, 즉 없을 수 없는 일자(一者)를 고백하기 위해서는 필요할 것이다. 이 고백이 실존철학의 말을 빌리면, 이 앙가주망(engagement)이 인식과 어떤 관계를 가지는 것일까? 실존주의는 철학을 싸구려로 팔아치우고, 또 할인해서 팔고 있다. 그 이유는 실존주의가 지식욕과 지식능력 및 그 한계 대신에, 물론 그리스도교적으로는 아닐망정, 아무튼 신앙의 결단을 내세우기 때문이다. 대체적으로 실존주의자는 알 수 없는 것을 결단하고 싶어한다. 이런 결단의 특징은, 지식의 불확실로부터 경충 신앙으로 뛰어

나가고 싶어한다는 점이다. 이 실존적이고 루터적인 신앙의 결단의 확실성을 의심하고, 에라스무스처럼, 도처에서, 성서 속에서도, 불확실하고 모호한 것을 간취하고, 따라서 아무것도 확실하게는 결정하려고 하지 않는 자, 그런 자는, 루터에 의하면, 철학이나 그 밖의 인간적인 가르침으로써 인간을 성서에서 외면케 만들려는 악마에게 사로잡힐 수 있는 자이다.

결정된 신앙의 확실성의 마지막 귀결과 형태를 이룩하는 것은, 진리의 증인으로서 자신의 신앙 때문에 피살되는 그리스도인이다. 그리스도교의 가르침을 완전히 확신하고 있지 못하는 자가 어떻게 그것 때문에 자기를 희생할 수가 있겠는가? 하고 루터는 묻는다. 그러나 이에 대해서도 신앙 때문에 자기를 희생할 수 있다는 것이, 신앙의 대상인 진리를 입증하는 그 무엇을 제시하는가? 하고 반문하지 않을 수 없다. 크롬웰, 나폴레옹, 레닌, 히틀러 같은 인간을 에워싸고 있던 사람들도 그리스도인 못지않게 자기들의 신앙에 확신을 갖고, 그 때문에 자기 자신 및 더더구나 남을 희생시키고 죽이고 또 피살되었던 것이다. 또 다른 한편으로 생각할 때, 철학적인 순교자가 없다는 것도 확실히 우연이 아니다. 소크라테스도 그리스도보다 앞선 순교자로서 죽은 것이 아니라, 회의적인 철인(哲人)으로서 최후까지 풍자가임을 그치지 않았던 아테네의 시민으로서 죽었던 것이다.

　철학자라는 것은 그가 진심으로 진리를 탐구하는 자이고, 단순히 고정된 신념을 지닐 뿐이 아닐 경우에는, 웬만해서는 진리 때문에 피살을 당하거나, 자기와 다른 생각을 가진 자를 죽여 버릴 정도로 자기 일에 완전한 확신을 가지지 못하는 법이다. 철학자가 물의를 일으키는 어떤 일을 저지르게 되면, 대개 공적인 일에서 은퇴하거나 혹은 자기의 저서가 지닌 비밀의 의미와 공개된 의미를 구별하곤 하였다. 사물을 잘 생각하는 사람이 그리스도교적이거나 비그리스도교적인 진리의 증인처럼 요지부동한 확신을 가질 수 있겠는가 없겠는가를 스스로 자문해 보라. 플라톤이나 아리스토텔레스도 진실한 것이나 확실한 것에는 약간의 차질과 진폭(振幅)이 있다는 것을 분명히 인정하고, 철학에 있어서는 절대적으로 확실하다고는 말할 수 없는 그런 것에 관하여 언급하는 것도 별로 나무라지 않았다. 그들은 지식인이었으므로, 모든 지식이 모두 진실하고 확실한 것일 수는 없다는 것을 알고 있었기 때문이다.

(6)

 신앙에 대한 지식의 관계라는 문제를 이제까지 추구하여 온 이 마당에 분명해진 사실은, 지식의 가능성 및 확실성과 불확실성의 가능성은, 그것이 신앙 및 신앙의 불확실성과 관계함으로써, 그리스도교 이전과는 판이한 종류의 것이 되었다는 것이다. 지식과 신앙과의 관계는 구제할 길이 없는 불화(不和)처럼 보인다. 그러나 그리스도교 이후에 지식이 이처럼 신앙과 불화한 관계에 빠지고 만 바로 그 까닭 때문에 더욱, 여전히 불확실하게 탐구하는 지식이 자연스러운 방법으로 그 자체가 확실한 신앙으로 접근할 수가 있는 이성적인 길이 있는가 없는가를 살펴보지 않을 수 없다.
 아우구스티누스는 『신앙의 유용성에 관하여』라는 그의 저서에서 이러한 길을 멋지고 분명하게 서술하고 있다. 아우구스티누스는 히브리서와 마찬가지로, 신앙이라는 것은 볼 수도 없고 눈에 보이는 것처럼 알 수도 없는 것을 무조건 신뢰하는 것이라고 새긴다.[16] 아우구스티누스의 이 논문의 출발점이 된 문제는, 지적 통찰에 대한 신앙적 우위(優位)의 문제이다. 처음부터 신앙에 몸을 던진다는 것은 결코 반이성적(反

理性的)인 일이 아니라는 것과, 신앙은 모든 지식에 **앞서서** 믿는 것이지만, 그것은 오히려 뚜렷이 이성적(理性的)이라는 것, 이것을 아우구스티누스는 제시하려고 한다. 믿으려는 결의가 반이성적이라고 한다면, fides(신앙)는 한낱 credulitas(輕信)이 되고 만다.

참 신앙과 단순한 경신과의 구별을 아우구스티누스는 연구가와 호기심을 지닌 자의 구별로 설명한다. 이 양자, 즉 단순히 호기심을 지닌 자와 진지하게 연구하는 자는, 둘 다 무엇을 알려고 하느니만큼, 신앙인이나 경신인(輕信人)이나 다 같이 믿고 있다는 점에서는 동일하다. 그러나 양자의 차이는 호기심을 지닌 자는 자기와는 아무런 관계도 없는 것을 여러 모로 알려고 하는 데 반하여, 진지한 연구자는 자기에게 유용한 것, 자기의 영혼을 구제하는 데 유용하기 때문에 그런 유익한 것만을 알려고 한다는 점이다. 경신과 신앙이 동일하지 않다는 것을 인정할 수 있다. 그러나 영혼을 영원히 구제함에 있어서 유용한 것, 그것이 그리스도교의 진리이지만, 그런 것은 무조건적인 확신성을 갖고 알아야만 한다는 것이 긴요한 경우에는, 신앙과 경신은 다 같이 사도(邪道)일 수도 있을 것이다.

만일 신앙과 경신의 차이가, 가끔가다 술에 취하는 것과

알코올중독의 정도가 된 음주 버릇의 차이와도 같은 것에 불과한 것이라면, 영혼의 구제를 위해서는 무척 유해하리라! 아우구스티누스는 다음과 같이 말하고 있다. 만일 그렇다면, 종교적인 의미에서 신앙한다는 것이란 물론 불가능할 뿐만 아니라, 사람들은 벗도 가질 수가 없고, 부모를 신뢰할 수도 없고, 남을 상대로 흥정도 할 수가 없을 것이다. 왜냐하면 인생 및 공동생활의 전체는 서로가 신뢰한다는 터전에 서서, 볼 수도 알 수도 없는 것에 대한 성실과 신용에 입각하고 있기 때문이다.

보고 알고 통찰하기 **이전에** 믿는다는 것이 유용하고 이성적이라는 한 예로서 아우구스티누스는 다음과 같은 사실을 들고 있다. 자기의 부모가 참말로 자기의 부모라고 믿지 못하면, 사람들은 자기의 부모를 사랑할 수도 신뢰할 수도 없다. 그러나 부모가 참으로 자기의 부모인지 어떤지는 결코 확실하게 알 수가 없다. 아버지에 대해서는 전혀 알 수가 없고 어머니에 관해서도 완전히 확실하게는 알 수 없다. 사람들은 어머니가 자기의 어머니라는 것을 어머니나 어머니의 친지들이나 자기 집 머슴이나 의사 같은 사람들의 말로서 믿고 있는 것이다. 그러나 그렇다고 해서, 부모가 참으로 자기의 부모인지 어떤지가 불확실하니만큼 나 역시 나의 부모라고 생각되는 사람을 사랑하거나 혹은 그 사람의 분부에 복종할 의무가 없다고 궤변을 꾸미는 사람이 있다면, 그런 인간은 어리석은 인간일 뿐만 아니라, 지극히 부도덕한 인간일 것이다. 이와는 반대로, 자식으로서의 의무를 충실히 실천하였으나, 부모라고 생각하고 있던 사람이 실은 진짜 부모가 아닌 사실이 후에 드러났을 경우에도, 그 사람은 역시 윤리적으로 올바르게 행동한 셈이 된다. 이처럼 일이 단순히 인간적만 관계에만 관련될 뿐이고, 무모하고 무조건적인 신뢰와는 전혀 상관이 없는 경우일지라도, 신뢰, 즉 볼 수도 알 수도 없는 것을 믿는다는 것이 당연한 일로서 명령되고 있는 것이라면, 하물며 우리가 신(神)과의 어떤 관계를 맺기 위해서는 우선 신을 믿어야만 한다.

그러나 또 인간과 인간과의 자연적인 신뢰관계는, 그리스도교적인 신앙 및 교회에 있어서의 그 선교의 통로로서 필요할 뿐만 아니라 기본이 되는 것이다. 그 이유는, 보통사람들이 그리스도교의 복음에 관하여 무엇을 아는 것은, 확실히 이미 믿고 있는 남으로부터 들어 알 따름이기 때문이다. 자기 자신의 믿음이 깊어지기 위해서는, 이미 믿고 있는 남이 하는 말을 자진해서 들어야만 한다. 우리는 배움에 적극적이어야만 할 뿐만 아니라, 그리스도교라는 종교에 관해서 스승으로부터 인도를 받아야만 한다. 제자와 스승의 이 최초의 관계에 있어서 역시 당연히 전제되어야 할 것은, 제자가 스승에게 신뢰를 다하고 스승 역시 제자를 얻을 것, 예컨대 제자가 참으로 그리스도교적인 신앙에 관해서 지도를 받고자 생각하고 있다는 것과, 결코 단지 호기심에서나 혹은 스승을 속이려고 하는 것이 아니라는 것을 믿어야 한다는 것이다. 신뢰하려는 장본인을 시험대에 올려놓고, 신뢰할 만한지 어떤지를 우선 비판적으로 음미하는 인간은, 자기가 아무런 신뢰심도 갖고 있지 않을 뿐만 아니라 우선 자기 자신의 신뢰심을 의심하고 있음을 표시할 따름이다. 그러나 의심으로써는 아무런 신뢰도 획득하지 못한다.

그러나 바로 이 경우에 커다란 곤란이 야기된다. 아우구스티누스는 그것을 상세하게 설명하고 있다. 즉, 진리를 찾고는 있으나 아직도 그것을 찾아내어 믿지를 못하고 있는 이른바 믿지 못하는 어리석은 자가 도대체 어떻게 그리스도교에 관해서 이미 정통해 있는 종교적인 지자(智者)나 현자(賢者)를 통찰해서 알 수가 있겠는가 하는 곤란이다.

현자를 현자라고 간파할 수 있기 위해서는 우자(愚者)가 역시 이미 현자의 한 사람이어야만 한다. 옳은 스승을 찾다가 사이비 스승의 손아귀에 떨어지지 않기 위해서는 어떻게 해야 할까? 더욱이, 허다한 철학의 학파나 종파가 한결같이 자기들이야말로 그 길의 권위라고 증언하고, 진리를 소유하고 있다고 주장할 때에 말이다. 권위에 대한 **신앙**이 거짓된 권위에 대한 **경신**(輕信)이 아니라고 어떻게 확신할 수가 있을 것인가? 이것은 매우 어려운 문제로서, 누구나가 다 답변하기에 힘들 것이라고 아우구스티누스는 말하고 있다. 그리스도교의 진리가 지닌 눈에 보이는 표적, 즉 회심(回心)이라든가 기적 같은 것도 아무런 소용이 없다. 왜냐하면 이미 그것이 어떤 표적인지를 모르는 판국에, 어떻게 이 신의 고지(告知)를 진리의 표적이라고 간파할 수 있겠는가?

길이란 무엇인가를 미리부터 알고 있지 못한다면, 도표(道標)를 도표로 분간할 수 없다. 이 곤란성은 극히 완강한 것이므로 신(神)만이 풀 수 있는 것이고, 신만이 어리석은 인간을 신앙의 길로 인도할 수 있고, 그리스도교 진리를 경건하게 터득하도록 인도한다고 아우구스티누스는 말한다. 만일 신이 존재하지 않고 신을 찾는 우리들에게로 신이 도와주려고 오지 않는다면, 우리들은 참 종교를 찾아서 물을 수도 없다. 내가 신앙을 바치려고 하는 권위는, 그 자신이 나에게 그 권위로의 신앙을 부여해야만 한다. 그러나 비록 신앙이 단순한 결단이거나 단순한 비약이 아니고, 신 자신의 영감으로서 주어지는 것이라고 하더라도, 신앙이 대담한 모험, 즉 미리부터 지식을 갖고 이 시도와 그 결과에 대한 확신을 지니지도 못한 채, 용감히 뛰어 들어가는 모험임에는 변함이 없다.

실존적으로 하나의 감행, 하나의 모험인 것은, 이론적으로 따지면 하나의 순환이고, 거기에는 언제나 증명되어야 할 일, 즉 신과 신의 계시 및 그 계시의 신앙이 이미 전제되어 있다. 신앙과 지식의 관계에 관한 아우구스티누스의 말도 자기 자신으로 되돌아오는 순환운동의 일종이다. 아우구스티누스가 마니교에 대해서는 신앙이 통찰보다 선행되어야 한다고 강조하고, 한편 신앙으로의 반이성적인 비약에는 반대하여, 신앙이 이성보다 선행한다는 것이야말로 이성에 적합한 일이라고 주장할 때, 거기에는 아무런 모순도 없다.

이상이 신앙의 유용성과 합리성에 대한 아우구스티누스의 철학적 설명이다. 그러나 인간에게 자연적인(스승, 부모, 벗, 의사, 재판관과 같은 사람과의 관계에 있어서의) 신앙의 전제가 하나의 전(前) 단계가 되어, 거기서는 곧장 그리스도 안에서 이루어진 신의 계시에 대한 신앙으로 통하는 것이 아니라는 것을 간파하기 위해서는, 별달리 장황한 논의를 필요로 하지 않는다. 자연적인 권위(부모와 자식, 스승과 제자, 의사와 환자, 전문가와 초보자와의 관계에 있어서의 권위)가 최고의 권위로서의 성서의 신의 승인이라는 경지에까지 저절로 인도해 가지는 않는다는 것과 마찬가지로, 자연적인 신앙이 정식으로 그리스도교적인 것으로 간주될 수 있는 신앙으로 이끌어 가지는 않는다.[17]

그리스도교적인 희망이 부자연한 것이라는 것은, 벌써 양자가 다 같이 명령되어 있다는 점에, 즉 비록 어떤 한 인간 속에 단 한번만의 신의 계시라는 것을 믿는다는 것이 아무리 우리들의 자연적인 불신앙에 위배된다고 하더라도 우리들은 그것을 **믿어야만 하고 희망해야만 한다**고, 분부받고 있다는 점이다. 그러므로 자연적 신앙과 그리스도교적 신앙의 공통점은, 양자가 다 같이 눈에 보이지 않는 것에 대한 신앙이라는 소극적인 면뿐이다.

예수라는 인간이 구세주이고 하느님의 아들인지 어떤지를 사람들은 간취할 수가 없었고, 히틀러라는 총통이 운명이 내려준 총통이고 정치적인 구제자인지, 아니면 고약한 유혹자인지를 간파할 수가 없었다. 그러나 하여간에 사람들은 그것을 믿든가 믿지 않든가 어느 한 쪽을 택해야만 한다. 그리고 어차피 자기 자신을 믿고 있는 친구들은, 자기를 믿어주는 신앙심이 있는 인간을 발견하기도 하지만, 자기를 믿어주지 않는 불신의 인간도 발견한다. 자신의 신뢰가 그릇된 것이냐 아니냐 하는 점은, 믿고 있는 상대편의 인간의 행위의 결과로써도 실증되지가 않는다.

가령 그리스도에 대한 신앙이 현재 그리스도교라고 불리고 있는 저 세계사적인 성과를 거두지 못하였다고 가정하고, 그리스도교가 세계사적으로는 전혀 무력한 한 종파에 불과한 채로 계속하고 있다고 가정한대도, 이 명백한 실패가 그리스도로서의 예수에 대한 신앙에게는 유리한 점도 불리한 점도 표시해 주는 것이 아니하는 점은, 명백한 성공이 신앙에게 유리한 점도 불리한 점도 표시해 주지 않는 것이나 똑같다고 할 수 있다. 물론 역사적인 성공은 언제나 자신을 변호한다. 여하튼간에 하나의 성공 이상으로 효과적인 것은 없기 때문이다. 그러나 그 성공이 과연 무엇을 증명하는 것은, 사람들이 이미 역사 그 자체를 믿고, 즉 역사에 대만 신앙심이 있을 때뿐이다.

그러나 이제 모든 신앙이 소극적인 공통점을 가지고 있음에도 불구하고, 자연인 권위에 대한 자연적인 신앙에서, 그리스도교적인 권위에 대한 그리스도교적인 신앙으로 통하는 끊임없는 이행(移行)이 존재하지 않는다고 한다면, 그리스도교적인 권위와 그 권위에 대한 신앙은 어떻게 하여 인간의 자연적인 이성 앞에서 스스로를 입증하고, 스스로의 터전을 닮을 수가 있을 것인가?

다시금 아우구스티누스를 길잡이로 내세워 보기로 하자. 아우구스티누스는 처음에 진리를 철학이나 갖가지 종파 속에서 찾아 헤매었으나, 거기에서는 진리를 발견하지 못했다. 자기생애의 위기의 절정에 서서, 그는 그리스도교에서 교도(敎導)를 받으려고 결심하였다. 말하자면 그는 생기를 되찾기 위하여, 잠정적으로 하나의 권위를 믿고 거기에다 자진하여 몸을 던진 것이다. 열심히 탐구하였음에도 불구하고, 찾고 있던 것을 찾아내지 못하였을 때, 그에게는 도대체 자기가 지금까지 올바른 방법으로 올바른 방향에서 진리를 탐구하고 있었을까 하는 의문이 솟구쳐 올랐다. 이를테면 올바른 방법의 문제, 혹은 **탐구의 방식**의 문제이다. 그러나 여기에서도 다시금 다음과 같은 문제가 제기된다. 즉, 만일 결정적인 법정이라는 의미와, 확증의 원천인 창시자라는 의미의 두 뜻을 지닌 권위로서의 어떤 신적인 권위에 의하지 않는다면, 어디에서 올바른 물음의 방향을 정하고, 어떻게 그 방향으로 나아갈 것이냐 하는 문제이다. 그렇다고 하면 결국, 추구되고 있는 참 권위가 권위로서 찬동을 받기 위해서는, 그 권위가 자신을 향한 신앙에 대하여 자기 자신을 확증해야만 한다.

권위라는 것은 보통 그것 자신이 이미 믿기에 족한 참 권위라고 생각되고 있는 바이지만, 참으로 권위가 권위로 되기 위해서는, 사람들이 그것을 승인하고 동의하여 신앙함으로써만 그렇게 될 수 있다. 그러나 그 확증은 어떻게 생기는 것일까? 분명히 사람들이 신앙을 바치려는 그 권위가, 스스로 우리들에게 그것에 대한 신앙을 증여함으로써만 가능하다. 그렇다면 이것은 곧 다시 순환이 되고 만다. 여기에 외적인 척도를 적용해 보아도 아무 소용이 없다. 물론 아우구스티누스는, 권위에 대한 신앙이 필요하고 이성적이라는 것을, 인간의 이성이 원죄 때문에 부패되고 말았으므로, 그 후부터 이성을 회복하기 위해서는 하나의 권위가 필요하다는 것을 증명하고 있다.

그러나 죄나 죄의 사함이라는 것도 역시, 실상은 미리부터 그리스도교적 신앙이라는 터전에 서서야 비로소 알 수 있는 것이다. 결정적인 권위에 대한 신앙이 전제되고 그것이 당장에 승인되어 있는 경우에는, 그 신앙은 어떠한 비판적인 숙고(熟考)에 의하여서도 결코 사후 승인은 되지 않는다. 그러니만큼 우리들 자신이 결정적인 권위라고 인정하고 있는 것이, 실상은 그릇된 것이었을 경우에는 매우 거북해진다. 우리들의 물음의 방향과 삶의 방식의 전환, 즉 **가장 건전한 권위**로서의 참 신(神)에게로의 통회에 넘친 인간의 회심이 중대한 문제일 경우에 신앙의 대상인 그 권위가 미망(迷妄)이라고 한다면 매우 비참해질 것이다.

그러나 아우구스티누스는 다시 부가하여, "만일 우리가 어떠한 권위에 의하여서도 움직여지지 않는다면, 우리는 더욱 비참할 것이다"라고 말하고 있다. 결국 아우구스티누스가 최후의 거점으로 삼고 있는 것은, 신이 모든 것보다 선행하고, 따라서 우리가 신을 찾고 있는 일에서도 신이 선행하고 있다는 점이다. 아우구스티누스는 이런 순환적인 신앙의 터전이 없으면, 그리스도교에 관한 일은 무엇 하나 결정될 수 없다는 사실과, 그리스도교는 신의 자기 확증이 없으면 신앙될 수 없다는 사실, 이 두 사실을 인정하고 있다.

(7)

우리들은 일찍이 모든 요해(了解)가 순환적이라는 사실에 관한 하이데거의 분석(『존재와 시간』, 32절)에 의거하여, 이 고약한 순환은 결코 결점이 아니고, 여기서부터 빠져나가는 일보다도, 오히려 올바르게 이 속으로 들어가는 일이 중요한 일이라고 하여, 너무나도 값싸게 타협하고 말았다. 그러나 이렇게 순환을 승인한다는 것은, 신앙의 전제인 원환(圓環)이 완전히 닫힌, 다른 전제로부터는 전혀 손을 댈 수가 없는 것은, 사람들이 일단 획득한 신앙에 굳건히 머무르고 있는 한에서만 그렇다는 사실과는 모순된다.

어느 누구를 막론하고 믿음이 돈독한 그리스도교도로서 태어난 것이 아니고, 또 어느 누구를 막론하고 나면서부터 그리스도교도가 아니라, 모두가 회심과 중생으로써 그리스도인이 된다는 사실이 옳다고 한다면, 신앙의 전제인 닫힌 원환은 실은 열려 있는 것이다. 즉 그것은 신앙을 얻기 이전과 신앙을 잃은 이후에, 묻고 찾는 인간으로부터 신앙이 돈독한 그리스도인으로의 결정적인 이행과, 거기서부터 다시금 회의(懷疑)로 향하는 이행에 있어서 열려 있다. 여기, 바로 이곳에서만, 지식을 원하는 자와 자진하여 믿으려는 자가 참으로 서로 만나게 되고, 양자가 넘을 수 없는 경계를 사이에 두고 서로 대립한다는 일이 없게 된다.

야스퍼스는 신학자들에게는 본래의 의미의 교통이 없고, 그들과의 대화는 언제나 일정한 지점에까지 이르면 이상하게도 닫히고 만다고 개탄하고 있지만, 그리스도교적인 신앙 속에서 진리를 발견하였다고 믿고 있는 신앙자가 철학의 불확실성에 대하여 허물없이 교통하며 흉금을 터놓을 것이라고 기대하는 것부터가 애당초 잘못이라고 해야 할 것이다.

그러나 오로지 하나의 가능한 철학적 공격의 실마리는, 신앙일지라도 역사를 가진다는 것, 신앙 그 자체가 이미 탐구와 회의에서 탄생한 것이라는 사실일 것이다. 묻고 더듬어 찾으며 알려고 하는 철학의 정신은 신앙의 확실성보다도 시간적으로나 절차적으로나 앞선 것이라고 해야 할 것이다. 믿음이 돈독해져서 신앙을 고백하는 사람도, 처음에는 진리를 찾는 자, 즉 철학하는 자이기 때문이다. 그와는 반대로 철학하는 자가 신앙에 도달하여 회심하는 일도 있을 수 있고, 파스칼이나 아우구스티누스의 예가 말해주고 있듯이, 회의와 철학의 도움을 받아 회심하는 일까지도 있을 수 있는 일이지만, 철학이 터전이 되어 그렇게 되는 일이란 결단코 없다. 엄밀히 말해서, '그리스도교적 철학'이라는 것은 존재할 수가 없다.

그리스도교 이후의 철학, 철학하는 자가 그리스도인이 되어 버린 후의 철학이라는 것은 생각할 수 있지만, 그런 경우의 철학과 그리스도교와의 관계는 이미 철학으로서의 철학과 그리스도교와의 관계가 아니라, 그리스도교적인 신앙과 그리스도교적인 인식과의 관계이다.[18] 그리스도교적인 신앙이 철학에게 기대할 수 있는 것은 고작해야 철학이 스스로를 계시하시는 신의 진리의 가능성을 부정하지는 않는다는 그 점뿐이다. 왜냐하면, 만일 그러한 신의 진리의 자기계시가 존재하고, 인간은 그것을 그대로 틀림없이 파악할 수 있다고 한다면, 그 자기계시는 인간적인 어떠한 진리탐구보다도 원리적으로 월등한 것이기 때문이다. 그러나 소크라테스는 여기까지, 즉 이 사실을 통찰하는 경지에까지 이미 도달하고 있었다.

『파이돈』 속에서 소크라테스는, 목전에 임박한 삶과의 결별에 관해서 벗이나 제자들과 이야기를 하고 있었고, 이때 많은 문제가 제기되었으나, 그것에 대한 대답은 불확실한 채로 남아 있다. 제자 중의 한 사람이 그에게 다음과 같이 말하고 있다.

"이 사실에 관해서는 저도 선생님과 대체적으로 같은 생각입니다. 이러한 일에 관해서 어떤 확실한 것을 안다는 것은, 이 세상의 생활 속에서는 불가능하거나, 또 불가능하지는 않다고 하더라도 매우 어렵습니다. 그러나 그러니만큼 이 사실에 관해서 운위되고 있는 것을 잘 음미하고, 아직 지치지도 않았는데 미리부터 내던지는 짓을 하지 말고, 문제를 모든 각도에서 고찰하는 것이 필요합니다. 왜냐하면 결국 이러한 일에 관해서는, 그것이 어떻게 되어 있는가를 남에게서

가르침을 받거나, 자신이 그것을 찾아내거나 어느 쪽이든지 완수해야만 하는 것이기 때문입니다. 그러나 그 어느 쪽도 불가능하다고 하는 경우에는, 그래도 역시, 적어도 그것에 관한 인간의 증명 중에서 상대적으로 가장 좋은 것을 붙들고, 이를테면 뗏목에 올라타듯이, 그것에 올라타고 생애를 헤엄쳐 건너려고 애써야만 합니다 - 신의 말씀과 같은 가장 신뢰할 수 있는 배에 올라타고, 좀 더 안전하게 좀 더 위험성이 없이 항행할 수가 없을 때에는 부득이한 일이니까요."

주석

1) 헤겔,『초기 신학 논문(*Theologische Jugendschriften*)』, 1807년, 230p 이하, 297p 이하.
2) 바더(F. v. Baader),「종교적 신앙과 지식의 분열에 관하여(*Über den Zwiespalt des religiösen Glaubens und Wissens*)」,『전집』, 1851년, 제1권 357p 이하.
「종교철학과 종교적 철학에 관하여(Über Religions-und religiöse Philosophie)」,『전집』, 제1권, 321p 이하.
3) 뢰비트,『헤겔에서 니체로(*Von hegel zu Nietzsche*)』, 350p 이하.

4) 야스퍼스,『철학적 신앙(*Der Philosophiche Glaube*)』, 1948년.
5) 하이데거,『후마니스무스에 관하여(*Über den Humanismus*)』, 42p.
『숲속의 길(*Holzwege*)』, 325p.
『강연과 논문(*Vortiräge und Aufsätze*)』, 44p.
6) 헤겔,『정신 현상학(*Phänomenologie des Geistes*)』, 서문.
7) 칸트,『순수이성 비판(*Kritik der renen Vernunft*)』, '선험적 방법론(Transzendentale Methodenlehre)', II-3.
8) 아우구스티누스,『요한복음 강해』, 29의 6.
9) 뢰비트,『가난한 시대의 사상가 하이데거(*Heidegger, Denker in dürftiger Zeit*)』, 93p 이하.
10) 슈트라우스(L. Strauß),『스피노자의 종교비판(*Die Religionskritik Spinozas*)』, 1930, 87p 이하.
11) 키케로,『제신의 본성에 관하여(*De natura Deorum*)』, 제2권의 2, 5, 7, 8, 11 이하, 17, 37 및 제3권의 8.
12) 이 책의 151p 이하와 177~180p 참조.
13) 바르트,『안셀름의 신의 존재증명(*Anselms Beweis der Existenz Gottes*)』, 1931.
14) 쿨랑쥬(Fustel de Coulanges),『고대 도시(*La cité Antique*)』; 메인(H. Maine),『고대법(*Ancient Law*)』; 소렐(G. Sorel),『소크라테스 재판(Le procès de Socrates)』, 1889.
15) 하르낙(A. Harnack),「초기 3세기의 무신론 비난, 고대 그리스도교의 문헌사 원전 및 연구(Der Vorwurf des Atheismus in den ersten drei Jahrhunderten, Texte und Untersuchungen zur Geschichte der

altchristlichen Literatur)」, 『전집』(속편), 13의 4, 1905년.
16) 이하의 서술은 아우구스티누스의 「신앙의 유용성에 관하여(De utilitate credendi)」 및 「눈에 보이지 않는 것에 대한 신앙에 관하여(De fide rerum quae non videntur)」에 관계한다.
17) 크뤼거(G. Krüger), 「권위의 문제(das problem der Autorität)」, 야스퍼스 축하 논문집 『열린 지평선(Offener Horizont)』, 1953에 수록.
18) 울리히(H. Uhlrich) 엮음, 『키르케고르의 일기(1832~1839)』, 128p 이하, 463p 이하.

2. 회의와 신앙

철학적인 회의(懷疑)와 그리스도교적인 신앙은, 흔히 있는 의심이나 탐탁하게 믿지 않는 인정과는 구별된다. 진리를 확신할 수가 있느냐 없느냐 하는 단순한 의심은 철학적인 회의와는 극히 거리가 멀다. 이와 마찬가지로, 참 신앙도 한갓된 실용적인 신앙과는 거리가 멀다. 그러나 한편 그리스도교적인 신앙 역시 언제나 유용한 신앙의 확실성을 요지부동하게 소유하고 있는 것이 아니다. "내가 믿사오니, 주여, 나의 믿음 없음을 도와주소서."(마가복음 9장 24절).

욥, 바울, 아우구스티누스, 루터, 파스칼, 키르케고르가 말하고 있는 신앙은, 노심초사하며 애써 얻은 것이기는 하지만, 다시 쉽게 사라질 수 있는 무조건적인 신뢰인 것이다. 무조건적인 신뢰이기 때문에, 요지부동한 신뢰도를 지닌 것에 관계할 때라야만 심오한 의의를 갖게 된다. 자신의 상품을 팔려고 하는 장사치를 무조건으로 신뢰한다는 것은 어리석은 것일 것이다. 또 절대적인 지식을 터득하지도 못한 스승을 무조건으로 신뢰한다는 것도 현명하다고는 할 수 없을 것이다. 벗을 무조건으로 신뢰한다는 것은 고결한 일이다. 그런 신뢰가 사실은 아무런 근거도 없는 것이라는 것을, 후에 가서 확실히 알게 될지도 모르지만, 그 경우에 신용을 잃은 자는, 신뢰한 그 사람이 아니라, 그 신뢰를 악용한 사람이다.

만일 무조건적인 신뢰를 받을만한가 어떤가를 확인하려고 든다면, 그것은 무조건적인 신뢰의 취지에 어긋나는 일일 것이다. 다른 모든 것과는 달리, 무조건적으로 신뢰해도 좋은 유일한 것은 신약성서 및 신약성서의 하느님이다. 그러나 전적으로 참다운 신앙이란, 일체를 의심하고 심사숙고하는 철저한 철학적인 회의주의와 마찬가지로 극히 드물다.

우리는 대개가 철저하게 회의적도 아니거니와, 또 철저하게 믿음이 돈독하지도 못하다. 보통 우리들은 '어느' 정도는 의심하고 또 어느 정도는 믿는다. 우리들은 우리의 지적, 윤리적, 사회적인 관습이 철학적인 회의나 종교적인 신앙의 비판을 감당할 수가 있는가 없는가를 문제 삼는 일이 극히 드물다. 회의와 신앙은 다 같이 철저한 태도인데, 둘 다 사람들이 학문의 확실성을 신뢰하는 데 대하여 도전한다. 그리고 오늘날 대개의 사람들은 학문의 방법과 성과를 매우 신뢰하고 있느니만큼 회의가(懷疑家)와 더불어 우리의 지식의 확실성을 의심하고, 신앙인과 더불어, 알 수 없는 것에 무조건적인 신뢰를 바치는 가능성을 음미한다는 것은 허용될 수 있는 것이다.

회의(Skepsis)라는 말은, 무조건 수상쩍게 여기고 따지고 든다는 뜻이 아니다. 뿐만 아니라 이 말은 또, 데카르트의 경우와 마찬가지로 온갖 의심스러운 것을 배제하고, 무조건적으로 확실한 진리에 도달하기 위한 의심의 방법을 의미하는 것도 아니다. 회의는 몽테뉴의 세련된 의심과도 전적으로 동일한 것이 아니다. 몽테뉴의 자유로운 정신이 지닌 부유(浮游) 상태는 온갖 것에 관하여 찬부(贊否)의 이중성을 꼭 같은 정도로, 또 꼭 같은 기분으로 고려하고 결정을 내리지 않는다. 그래서 칸트는 회의가를, 고정된 개척지를 죄다 망쳐놓는 정신의 '유목민'이라고 했다. 그러나 몽테뉴의 이 회의를 결코 경멸해서는 안 된다. 그의 회의는 나약한 정신을 무력화할 따름이고, 반대로 강한 정신을 개방하여 사물 속에 깃들어 있는 놀라운 것에 대한 감수성을 강화한다.

그의 회의는 얼핏 보기에 자명한 듯이 보이는 온갖 것에 관하여, 뜻밖의 새로운 국면을 열어 보여 주고 이성(理性)과

비이성, 진리와 미망(迷妄)의 인습적인 구별을 교란해 놓는다. 그 회의는, 인간의 사유와 행위로서는 어쩔 수 없는 수상쩍은 것은 존재하지 않는다는 것을 알고 있다. 데카르트가 학문으로서의 철학을 가지고, 또 파스칼이 신앙의 확실성을 가지고 대답한 것은, 모든 것을 열어 주기는 하되 결정은 내리지 못하는 몽테뉴의 이 회의에 대해서였다. 데카르트와 파스칼은 몽테뉴의 회의에 대하여 답변함으로써, 고대의 회의에 대하여 간접적으로 관계를 맺고 있다. 왜냐하면 몽테뉴는 대개 고대의 회의를 자자구구(字字句句) 추종하고 있기 때문이다.

이 원초적이고 고전적인 회의주의를 알 수 있는 문헌은, 2세기 말엽에 생존한 의식인 동시에 철학자였던 섹투스 엠피리쿠스의 저술이다. 섹투스 엠피리쿠스는 철학적 회의에 대한 반대자였고, 그리스도교 신앙의 옹호자였던 테르툴리아누스와 같은 시대의 사람이다. 테르툴리아누스에 의하면 회의주의자와 철학자는 전적으로 동일하다. 왜냐하면 철학자와 그리스도교도와의 차이는, 철학자가 어디까지나 회의적으로 탐구하는 데 비하여, 그리스도교는 진리를 신앙 속에서 발견해 버린 점에 있다고 그는 생각하기 때문이다.

고대 철학에 있어서는 회의란, 엿보다, 정확하게 살피다,

구하다, 탐구하다 등을 뜻하였다. 그러나 회의가 추구하는 것은 회의가 아니라 진리다. 그러므로 회의란 진리탐구이다. 그러나 탐구자는 단지 자신의 회의를 의심할 여지없이 씻어 주는 것이 발견되기까지는 언제까지나 그 탐구를 그치지 않는다. 이런 의미에서 회의란 매우 존경할 만한 철학의 학파이고, 좀 더 적절하게 말하자면, 그것은 철학적 훈련이다.

섹투스 엠피리쿠스[1]는 우선 탐구와 발견의 관계를 척도로 삼아서 철학자들을 분류한다. 누구나가 다 진리를 찾는다. 이 경우에 있어서, 탐구자는 찾고 있는 것을 발견하여 진리를 알게 되거나, 찾고 있는 것을 발견하지 못하고 탐구를 단념하든가, 혹은 그래도 역시 탐구를 계속하든가, 그 중의 어느 하나다.

첫째 부류에 속하는 것이 교단(敎壇) 철학자 내지는 독단론자(獨斷論者)이다. 섹투스 엠피리쿠스는 아리스토텔레스와 스토아학파 및 에피쿠로스 학파를 이 부류에 분류해 넣었지만, 플라톤은 오히려 그에게는 회의주의자로 보였던지, 플라톤을 이 부류에는 넣지 않고 있다. 제2의 부류에 속하는 것이 이른바 플라톤 이후의 아카데미 학파이다. 그리고 제3의 부류에 속하는 것이 진짜 회의주의자들로서 이리저리 엿보며 탐구하는 자들인데, 그들은 조급한 단정을 삼가한다. 참 회의주의자는 철저하게 회의적이므로, 회의적인 입언(立言)까지도 역시 일종의 독단적인 주장이기 때문에 '그것은 자가당착이다' 라고 하는 판에 박은 비난도 그들에게는 아무런 영향도 미치지 못한다. 왜냐하면 참다운 회의주의자는 자기 자신의 입언까지도 상대적인 것이라고 하여, 무엇이 이러저러하다고 단정하지를 않고, 단지 당장은, 어떤 새로운 것이 알려지기까지는 당분간 그것이 그런 것 같이 생각된다고만 말하기 때문이다. 회의주의자는 자신이 원하여 결단과 결정을 내리지 않는 것이다. 따라서 객관적인 확실성이 없기 때문에 대담하게 결단을 택하는 **결의주의자**(決意主義者)의 반대이다.

회의주의자는, 모든 것은 오로지 자각하고 인식하는 존재로서의 남과 자기 자신에게 복잡하게 관계함으로써만 거기에 존재한다는 것을 알고 있다. 세계란 우리들의 세계이고, 우리 인간에게는 세계가 아마도 동물에게 있어서의 세계와는 전적으로 다르게 나타나 있을 것이고, 또 다른 인간이나 다른 동물에게는 세계란 또 각기 다른 세계일 것이다. 모든 것은 '…과의 관계에 있어서(in-bezug-auf)' 있다.

예컨대 (물리적, 윤리적, 역사적인) 크기는, 우리에게 적다고 생각되는 것과의 상대적인 관계에 있다. 그러므로 어떤 것을, 그 자체와의 관계에서만 보아서는, 또 그 자체가 지닌 본성에서만 보아서는 절대적으로 역사적인 위업(偉業)이라고 단정할 수가 없다. 건강은 병과 상대적이고, 선은 악과 상대적이다. 이 회의적인 상대주의는 신학적인 개념까지도 상대적이라고 거리낌 없이 뇌까린다. 섹투스 엠피리쿠스는 신의 본질과 존재에 관한 독단적인 교설을 논하고 있다. 철학자들은 신의 본질과 존재에 관하여 의견의 일치를 보지 못하고 있다. 왜냐하면 분명히 신은 '전적으로 분명하지가' 못하기 때문이고, 또 따라서 증명을 필요로 하기 때문이다. 신을 신 이외의 어떤 전적으로 분명한 것으로써 증명하려고 한다는 것은 모순일 것이며, 신을 어떤 전적으로 불분명한 것으로부터 증명하려고 한다는 것은 불가능한 일일 것이다.

그리고 한 걸음 더 나아가서, 신의 개념에는 신의 섭리도 역시 더불어 고려되는 것이고, 섭리란 모든 자를 위하여 배려를 베푸시는 것이든가, 아니면 일부의 인간들만을 위하여 배려를 베푸시는 것이든가일 터이지만, 이 세상에는 많은 인간들이 불행에 빠져 있기 때문에, 이 불행 역시 신의 섭리의 덕분이라고도 생각하고 싶지만, 그것이 경건하지 못한 것이라면, 신이 배려를 베푸신다는 독단적인 단정을 내리면, 이윽고는 경건하지 못한 말을 입 밖에 내게 되는 위험에 빠지게 마련이다!

이러한, 혹은 이와 비슷한 모순된 견해나 말에 대하여, 회의주의자는 삼가는 태도를 취하고, 실생활에서는 '주관이 없는' 태도로 생활을 영위한다. 그들은 제신(諸神)은 물론이요, 이 세계도 역시 존중하고, 관례에 따라서 믿기도 한다. 철저한 판단보류를 하여도 제법 의미를 지니는 것은 이론적인 지식의 영역 안에서 뿐이고, 일상적인 행위를 실천함에 있어서는, 비록 이론적인 확실성을 갖지 못하더라도, 사람들은 어차피 어느 쪽으로 결정을 내릴 수밖에 없기 때문에, 판단을 보류할 수가 없다.

회의적인 탐구자로서 인간은, 어느 종교가 참 종교인지, 세계는 신이 창조하였는지, 혹은 세계는 처음도 나중도 없는 것인지, 아니면 세계는 우연히 그리고 당분간만 존재하고 있을 뿐인지를 결정할 수가 없다. 그리고 철학이 경이(驚異)와 더불어 시작하는 것이라면, 그 경이 역시 하나의 상대적인 것, 즉 이미 익숙해진 것과의 관계에 있어서의 경이인 것이다. 처음으로 경험한 지진, 처음으로 본 대양, 처음으로 알프스 산을 비행기로 넘는 것, 처음 겪는 전격전(電擊戰), 이런 것들은 확실히 매우 놀라운 일들이다. 그러나 이러한 것들도 우리들이 그것에 익숙해지는 순간, 그것들이 지닌 우리들을 놀라게 하는 성격을 잃고 만다 - 그리고 인간이 익숙해질 수 없는 것이 도대체 어디에 있을 것인가?

모든 사물이 이렇게 내적·외적인 상황이나, 여러 가지 습관과 법률과 교의(敎義)와 신앙률(信仰律)에 관계하고 있으므로, 회의주의자는 어떤 것이 그 자체로서 어떻다고 결정하는 따위의 주제넘은 짓은 하지 않고, 견해라든가 논쟁 따위는 어차피 일면적일 수밖에 없으니만큼, 그런 것들에 대해서는 꼭 같은 정도로 유력한 반대의견이나 반대논쟁을 대치하여, 자신은 찬성하거나 거부를 하여 조급하게 결말을 내리지 않으면서, 언제까지나 탐구를 계속한다.

이러한 판단보류는 통찰의 정지(靜止)이고, 또 이것에는 마음의 안정, '영혼의 고요', 아타락시의 평정(平靜), 따라서 윤리적인 침착이 대응하고 있다. 회의적인 사고방식의 마지막 목표는 자유로운 평가의 영역 안에서 일어나는 일에는 침착한 태도로 임하고, 부득이한 처지에 이르면 신중히 인내하는 일이다. 때로는 일부러 약한 논의를 전개하는 것도 역시 고대의 회의가 지닌 지혜의 하나이다. 섹투스 엠피리쿠스는 회의의 근본적인 특징을 마무리하며 말하기를, 회의주의자는 의사와 마찬가지로, 치료를 받아야 할 환자의 체질에 따라서 강도가 다른 약을 쓴다고 기록하고 있다. 그러므로 회의주의자의 논의도, 독단론자의 망상이 피상적인 것이냐 혹은 뿌리 깊은 것이냐에 따라서, 약간 약하게 퍼기도 하고 강하게 퍼기도 해야 한다.

이렇게 일체가 상대적이고 제약되어 있다는 사실에 대한 탐구는 이미 고대의 회의에 의하여 완전히 탐구되어 있으므로, 이 이상 바랄 것이 남아 있지 않을 정도이다. 현대의 역사적 상대론(相對論)에 이르러 비로소 모든 고정된 학설이 동요하기 시작했다는 생각은 편견이다. 물론 누구를 막론하고, 주어진 상황에서는, 비록 이런 회의를 품고 있었다고 하더라도, 어차피 어느 쪽으로든가 결단을 내릴 것이다. 즉 누구나가 결단을 내려야만 하고, 결단을 내리지 않을 수 없다. 그러나 이 실천적인 결단은 언제나, 실은 승인이라고도 부인이라고도 결정할 수 없는 것이 진실임을 통찰하고, 그 통찰의 배후에서 이루어지는 것으로서, 만일 이런 결정은 사실 아무런 결정도 않고 있고, 이런 결정은 진정한 이성적(理性的) 근거가 불확실하기 때문에 생긴 것이라는 사실을 인정하지 않으려는 사람이 있다고 한다면, 그 사람은 자신의 실제의 우매함 이상으로 우매하게 거동하고 있다고밖에는 생각할 수 없다. 이런 결정이 결코, 참다운 것과 옳은 것에 관한 의심할 여지가 없는 지식에 의거하고 있지 못한 바로 그 까닭에, 이런 결정은 지식의 회의를 오히려 결정적으로 물리치려고 하는 것이다.

철학에 있어서까지도 지식의 결여를 '결단'을 통하여 보충할 수 있다고 믿는 나머지 거의 학설적이 되어버려 칸트의 비판철학(批判哲學) 속에 아직도 남아 있던 정도의 회의[2]마저도 이제는 이미 남지 않았다고 한다면, 도대체 우리는 지혜라는 점에서 어느 정도에까지 도달하였는가 하는 점이 문제이다. 그야 칸트로 말할 것 같으면 자신의 비판의 도상에서 회의론 역시 독단론과 함께 청산하고 양자의 중간에서 활로를 발견한 것으로 생각하였다.

그리고 헤겔은 회의를 단지 절대자의 인식에 있어서는 어차피 소멸할 하나의 계기로밖에는 인정하지 않는 절대지(絶對知)의 변증법으로써 칸트의 비판주의를 극복하였다고 생각하였다.[3] 헤겔이 절대지(絶對知)에 있어서는, 온갖 확실한 듯이 보이는 것의 상대성이 긍정적으로 '지양(止揚)' 되어 있다. 정신현상학의 길은 '완결하여 가고 있는 회의론'이다. 고대의 회의론은 헤겔에게는 절대지의 부정적인 측면에 불과하다. 회의론이 '추상적인', 즉 일면적인 오성(悟性) 규정의 독단론을 매장해 버리는 것은 옳다. 그러나 회의론이 일면적인 여러 규정의 모순을 지적하는 데 그치고, 단지 오성적임에 그치는 모순율을 이성적으로 지양하지 못함은 옳지 않다. 이렇듯이 헤겔은 회의론, 독단론, 비판주의를 초극한 듯이 보이지만, 그 헤겔이 전제로 삼고 있는 것은 매우 의심스러운 것, 즉 그의 이성의 개념인데, 이것이 절대자를 '이해하는 것'이라면, 이것 역시 신앙과 매한가지라 아니할 수 없다.

확실히 진리를 발견하였다고 단언한 사람은 없었지만, 소크라테스 이래 위대한 철학적 회의가 청년을 매혹, 혹은 소크라테스를 고발한 자의 말투를 빌린다면, 유혹할 수는 없었다. 찾고 있던 것을 발견하였다고 생각하고 그것에 집착하지 않고, 비록 비난에 대해서는 현명하게 방위하고 있는 판에 박은 듯한 질문의 형식에 불과하지만, 하여튼 아직까지도 회의적으로 탐구하고 있는 그런 철학자가 어디에 있지나 않을까 싶어 찾아보았자 그 어디에서도 찾아볼 수 없다.

복잡하게 얽힌 소크라테스의 탐구와 시도와 물음과 질문의 길을 더듬어 간다면, 우리는 반드시 물음에 대한 잠정적인 결론 이상으로 이끌어 가는 소크라테스의 대화는 **단 하나도** 없다는 것으로 만족하지 않을 수 없다. 이것은 서로 다른 대화자의 서로 모순되는 견해를 포함하고 있는 플라톤적인 대화의 형식으로 미루어 보아도 이미 자명한 일로서, 진정한 대화에 있어서는 어느 누구를 막론하고 최후의 말을 가지고 있지 않으므로, 이런 경우에 모든 물음은 각기 열려진 지평을 계속 지니고, 결정을 보지 못한 채로 사라지고 만다.

　반어가(反語家)인 소크라테스는, 자기 자신이 무엇인가, 인간이란 무엇인가, 죽음이란 무엇인가 하는 따위의 문제에 관해서도 전혀 아는 바가 없었고, 또 존재란 무엇인가라는 것도 물론 몰랐었다. 그는 또 인생이란 무슨 일이 있더라도 살 만한 가치가 있느냐 어떠냐 하는 문제에 관해서도 확신을 갖고 있지 못했다.

　『고르기아스』에서 소크라테스는 자기와 자신의 처자와 재산 모두를 먼 곳으로부터 갖가지 모험을 겪어가며 안전한 항구까지 데려다 준 선장에게 감사를 해야 할 것인가 하는 질문을 제시하고 있다. 이 문제에 관하여 철학적 선장인 소크라테스 자신은 매우 겸손한 사고방식을 취하고 있다. 선장은 자기의 일의 보수로서 겨우 은화 몇 닢을 요구할 뿐이다. 왜냐하면 - 소크라테스가 생각하는 바로서는 - 선장이 손님을 보호하여 물에 빠지지 않도록 돌봐 주었다고 해서, 그것이 손님에게 은혜를 베푼 셈이 되느냐 하는 점은 매우 의심스러운 문제이기 때문이다. 손님 중에는 배에 타기 전보다 배에서 내리고 나서 몸과 마음의 상태가 좋아졌다는 사람은 하나도 없다고 선장은 중얼거린다. 그러므로 어느 누구가 몸이나 마음이 불치의 병에 걸려 있을 때, 구원을 받아서 죽지 못하였다는 것은 오히려 그 당사자에게는 불행이다. 소크라테스와 같은 반어가만이 비로소 이런 진지한 농담을 지껄일 수가 있었던 것이다.

'그리스도교적인 소크라테스'임을 스스로 자랑한 키르케고르는, 진리를 직접적으로 교수하고 싶어하는 무리들을 비웃지만, 그러나 키르케고르 자신이 말하는 암시에 그치는 '간접적 전달'이 결국 광신적으로 그리스도교의 진리의 직접적 증인이 되고 만 것은 결코 우연이 아니다. 이 사실은 소크라테스가 증인이 된 사실과는 천양지차다. 소크라테스는 - 극히 아이러니컬하게도 - 아직 확실히 파악하지 못한 진리의 증인이 되어 사형판결에 복종하였던 것이다.

소크라테스에게 최후의 확신을 준 다이모니온(Daimonion)은 분명히 지성적(知性的)으로 설명할 수가 없는 것이었다.[4] 이와는 반대로 키르케고르의 반어(反語)는 기성 그리스도교계에 대한 최후의 공격으로서의 조롱으로 끝나고 말았다. 그리고 그 반어는 처음부터 극히 비(非) 반어적인 것이었다. 그는 이미 그의 학위논문에서 소크라테스의 반어를 극단적으로 해석하여 '절대적 부정성(否定性)'이라고 하였지만, 이런 전면적이고 절대적인 반어는 이미 반어가 아니다. 그러므로 그리스도교적인 소크라테스 운운하는 것은 나무로 만든 무쇠와도 같은 것이다. 소크라테스 이후의 회의가는 이미 반어를 말할 만한 여유가 없었고, 부정적인 학설이 되어 그대로 독단론과 결합하고 말았다.

소크라테스의 뒤를 물려받을 자가 없어, 이윽고 그의 철학적인 아이러니(反語)의 회의가 단절되고 말았다는 사실은 극히 주목할 만한 일이지만, 그 이유는 아마도, 지적인 형식으로 본다면 역설이지만, 아이러니라고는 볼 수 없는 그리스도교의 그 진지성에 있을 것이다. 그리스도교적 진리탐구와 신앙의 확실성이란 고전적인 아이러니나 판단보류 및 아타락시(Ataraxie)와는 일치하지 않는다. 의심이라는 것도 역시 그리스도교에 의하여, 고대에 있어서의 의심보다도 더 전면적이고 강렬해졌다.

아우구스티누스, 파스칼, 루터, 키르케고르와 같은 사람들은 모두가 고대의 사람들과는 전혀 달리, 이를테면 절망적인 정열을 지닌 채 의심하고 탐구하고 있다. 고대의 회의는 입언(立言)이 참이냐 거짓이냐 하는 것에 관한 이론적인 모순을 논하였다. 그러나 그리스도교적인 의심과 현대의 의심은, 인간은 죄있는 자, 혹은 헤매는 자로서, 그 자체가 애당초 '진리 속에' 있을 수 있느냐 없느냐, 또 어떻게 그럴 수 있느냐 하는 문제에까지 번지고 말았다.

회의적으로 철학한다는 것은, 찾는 것, 물어가며 탐구하는 과정을 통하여, 가능한 답변의 주위를 맴도는 것을 말하는 것이지, 계시된 진리를 확신하는 것은 아니다. 그리스도교적인 사유(思惟)란 신앙을 터전으로 삼고 생각하는 것이라는 말인데, 참으로 믿고 있는 사람이란 따지고 보면 이미 탐구하지를 않는다. 그 사람은 하느님의 말씀과 하느님께서 하시는 말 안에서, 자기를 자유롭게 해주고 구원해 주는 진리를 발견하고 있다. 물론 그런 사람이라고 할지라도 되풀이해서 새로이 믿어야만 하지만. 신앙이 시작되는 중에서는 소크라테스적이고 회의적인 의미에서는 철학한다는 일은 그치고 만다. 진리를 발견하고 나면, 탐구적인 회의의 모색은 활동을 정지하고 말기 때문이다.

 탐구와 발견이라는 이 구별이야말로, 이성과 계시와의 대립이나, 지식과 신앙과의 대립과 같은 것보다는 훨씬 해명적이지만, 이 구별을 원리로 삼아 테르툴리아누스는 철학적 회의와 그리스도교적 신앙과의 관계를 설명하였다. 그러나 비록 이 구별이 근본적인 구별이라고 하더라도, 그래도 역시 지식의 회의에서 신앙의 확실성으로의 이행(移行), 혹은 양자의 타당한 공존이 있을 수 있느냐 없느냐의 문제는 그대로 남을 것이다. 이 세 가지 문제, 즉 탐구와 발견의 근본적인 구별과 탐구에서 발견으로의 가능한 이행과, 양자의 가능한 협조의 문제를 가장 분명하게 논한 자는 테르툴리아누스 및 키르케고르와 파스칼이다.

회의와 신앙의 관계가 이런 **그리스도교적인** 사상가들에 의해서만 논의되고 있다는 것, 따라서 신앙의 회의에 대한 관계가 문제되고, 거꾸로 회의의 신앙에 대한 관계는 문제되고 있지 않다는 것, 이것은 결코 우연이 아니다. 즉 철학적인 회의론은 그 자체로서는 본래가 신앙에 대하여 아무런 관계가 없기 때문이다. 지식의 한계에 관한 회의적이고 비판적인 우리들의 지(知)와, 지식의 불확실성에 관한 우리들의 지(知)가, 당장 거기서부터 한계를 넘어서 신앙으로 이끌어 가지는 않는다. 이와는 반대로, 신앙이라는 것은 지식과 회의의 여러 가지 가능성에 관해서 설명을 듣지 않고서는 마음이 놓이질 않는다. 왜냐하면 신앙자라 할지라도 반드시 어떤 시기에 비로소 믿음이 돈독해진 것이고, 또 신앙인 한 언제나 다시금 회의로 다시 떨어질 가능성 속에 서 있기 때문이다.

테르툴리아누스[5]는 철학적인 회의를 공격한다고 하면서, 실은 철학 전체를 공격하고, 그리스도교 내부의 이단 사설(邪說)마저도 모두 그것에 부수되는 철학 학파에서 설명하고 있다. 그에게 있어서는 오로지 아테네냐 예루살렘이냐, 혹은 철학자냐 그리스도인이냐 하는 양자택일이 있을 뿐이다. "내가 보기에는, 이단자는 신의 이름을 빌려 스토아적이고 플라톤적이고, 혹은 변증법적인 그리스도교를 만들어 내려고 한다. 예수 그리스도 이후 우리는 이미 탐구가 필요하지 않다. 우리는 일단 믿으면 이미 그 신앙을 넘어선 그 이상의 것을 바라지 않는다. 왜냐하면, 믿는다는 것이 첫째이고, 신앙을 넘어서 더욱 탐구하고 발견하고 믿을 만한 그 무엇도 이미 존재하지 않기 때문이다."

"찾으라, 그러면 찾아낼 것이요. 문을 두드리라, 그러면 너희에게 열릴 것이요. 구하라, 그러면 너희에게 주실 것이다." - 테르툴리아누스는 이 유명한 마태복음의 비유를 해석한다. 그는 그 당시의 유대인들에게는 이렇게 구할 필요가 있었지만, 이미 그리스도의 복음을 받은 우리에게는 그럴 필요가 없다고 주장한다. 그리스도는 우리들이 믿어야 할 것, 따라서 우리가 믿을 수 있기 위해서는 반드시 구하지 않을 수 없는 것을 분명히 가르치셨다. 그리스도교적인 탐구는 결코 종말이 없는 탐구가 아니다. "찾아내기까지는 찾아야 한다. 찾아내고 나면 믿어야 한다. 그 후부터는 신앙으로써 파악한 것을 단단히 간직하는 일 이외에는 할 일이 아무것도 없다." 언제나 새로운 것을 생각해 내서 탐구와 발견을 진행시킨다고는 해도, 거기에는 올바른 신앙에 의하여 하나의 목표가 설정되어 있다. 참으로 믿고 있지 않는 자나 신앙에서 탈락한 자만이 언제나 새로이 어떤 다른 것을 구한다. 아무것도 가진 것이 없는 자, 무엇을 잃은 자 이외에는 어느 누구도 구하지 않는다. 아무것도 찾아지지 않는다고 해서 언제까지나 계속적으로 구하는 자가 있다면, 그 사람은 아무것도 없는 곳에서 구하고, 아무도 없는 집의 문을 두드리고 있는 셈이다.

게다가 신뢰 없이, 즉 신앙이 없이 남에게 무엇을 부탁하거나, 신뢰할 수 없는 자를 신뢰한다는 것은 탐구와 부탁의 본뜻에 어긋난다. 즉 탐구와 발견은 당연히 신앙이라는 전제의 테두리 안에서 움직이고 있다. "그러므로 우리들에게 속하고 있는 것 중에서, 우리들의 것 곁에서, 우리들의 것을 터전으로 해서 찾자." 아직도 탐구중이고, 따라서 불확신이라는 영역에 머물러 있다고 고백하지 않을 수 없는 자에게 조언을 구하는 것은 그리스도인에게는 무의미한 일이다. 그런 인간에게 사숙(私淑)한다면, 우리는 회의가로서, 다른 회의가들과 어울려서 함정에 빠지지 않을 수 없다.

아우구스티누스는 테르툴리아누스와 마찬가지로 보람 있는 탐구와 기쁨을 주는 발견의 구별을 척도로 삼아, 회의적인 철학자를 믿음이 돈독한 그리스도인과 구별하고 있다. 그러나 아우구스티누스는 그리스도교적인 구원의 진리로 향하는 신앙 속에서 진리를 발견하기까지는, 자신이 처음에는 철학적인 여러 학파 속에서 진리를 찾아본 경험이 있었으므로, 회의론과 전혀 접촉하지 않은 것이 아니라, 일단 그것과 관계하였다가, 후에 그것과 결별하였다. 독단적으로 굳어버린 기성의 진리를 의심한다는 것은 그리스도교의 진리에 대한 신앙에게는 본질적으로 장애물이므로, 회의적인 논의를 반박하는 것이 신앙의 참 확실성에 이르는 도상에서는 불가피한 작업이다. 아우구스티누스는 확실하고 구제에 이바지하는 진리를 철저하게 탐구하고 있었으니만큼, 철학의 여러 학파가 던져 주는 것 속에는 아무런 진리도 확실성도 없다는 것을 알았을 때의 그의 절망은 처음부터 철저하였다. 그리스도 안에 있는 신의 계시에 의하여 구원을 받는다는 신앙이 그의 철학적인 탐구로서는 해결되지 않았던 물음에 비로소 해답을 주었다.

아우구스티누스는 회심(回心)하기 전의 자기의 기분을, 동요가 견딜 수 없을 정도로 고조되어 진리를 가르쳐 주겠다고 약속하는 철학 선생이면 어떤 선생이라도 따라갈 심정이 되었을 지경으로 몹시 고민했다고 기술하고 있다. "나에게는 가끔 진리라는 것이 전혀 발견될 수 없는 것으로 생각되어,

사상의 격랑이 휘몰아쳐서, 결국 회의가들이 원하는 함정에 빠지고 말았다."⁶⁾ 그러나 이렇게 몸부림치며 구하는 정신이, 어떻게 회의적인 아타락시나 판단보류와 화해할 수가 있겠는가?

아우구스티누스는 신앙으로 이르는 길을 가로막는 회의의 악몽에서 깨어남에 즈음하여 『아카데미파에 대한 반론』을 썼다. 그 후 35년이 지나 『보정록(補訂錄)』 속에서 그는 이 『아카데미파에 대한 반론』이라는 책이 진리발견의 가능성에 대한 철저한 회의를 씻어 버리는 데 얼마나 도움이 되었는가 하는 사연을 진술하고 있다.

회의가와 아우구스티누스 자신과의 대화의 첫 문제는, 단순한 진리탐구만으로 이미 충분한가 어떤가 하는 것이다. 왜냐하면 한없이 탐구할 따름이고 발견에 도달하지 못하면, 그것은 헤매는 것이나 마찬가지이기 때문이다. 보람 없는 질문이나 탐구를 지혜라고 한다는 것은 자기기만이고, 까마득히 하늘거리는 등불과 몸을 데워주는 휘황한 불길을 혼동하는 것과 같다. 찬부를 가리지 못하고 보류해 둔다는 것은 결코 지혜가 아니고, 자기의 무지를 고백하는 것이다. 예컨대 존재자의 전체가 처음도 목표도 없는 생성과 소멸의 영겁으로 회귀하는 원환(圓環)인지, 아니면 언제 어떤 때에 분명한 목적

회의와 신앙

밑에서 창조된 것인지를 지적으로 결정할 수가 없는 한, 우리들의 지식은 결정을 보지 못한 채로 불확실성 속에 그대로 매달려 있게 된다.

물론 그런 경우에, 세계란 이러저러한 것이라고 하여 근거도 없이 단정하는 것보다는, 판단을 보류하는 것이 나은 것은 사실이지만, 그러나 서로 모순되는 견해가 둘이 있으면, 그 중의 어느 한 쪽만이 참일 것이므로, 어느 편이, 즉 이교의 견해와 그리스도교의 견해 중에서 어느 쪽이 참인가를 분명히 밝히려고 애써야 한다. 그리고 나서 그래도 역시 진리란 무엇인가를 알 수가 없다는 일이 만일에 생긴다면, 우리들은 그릇된 것이니 참같이 보이는 것이니 하는 것에 관해서도 무어라고 말할 수 없게 된다. 그릇된 것이니 참같이 보이는 것이니 하는 따위의 것도, 역시 진리를 전제로 하고 나서, 그 전제의 빛에 비추어 보아서, 그릇된 것이니 참같이 보이는 것 (vero-simile)이니 하고 생각할 수가 있기 때문이다.

진리의 발견에 대한 철저한 회의를 단연히 논파하기 위해, 아우구스티누스는 논리적 판단이나 윤리적 행위나 미적 평가로서도 자명하기 때문에, 의심할 여지가 없는 진리가 존재한다는 것을 증명하려고 시도한다. 회의가라고 할지라도, 예컨대 어떤 종류의 수학적 진리 같은 것은 의심을 못 하고, 세계란 일(一)이 아니면 다(多)라든가, 영혼은 가사적(可死的)인 것이 아니면 불사적(不死的)인 것이라든가, 또 이렇게 지껄이고 있을 때 우리들은 자고 있는 것이 아니면 깨어 있다고 하는 따위의 사실에는 이론을 주장할 수가 없다. 뿐만 아니라 반드시 동일율이나 모순율 같은 형식적인 원리를 터전으로 삼지 않고서도, 의심할 여지가 없을 정도로 옳다는 것이 명백한 판단도 있다.

예컨대 인간이란 행복하게 살기를 원한다든가, 때에 따라서 **무엇이** 보다 선하고, 보다 좋은가에 대해서는 각자 생각이 다를 수도 있지만, 하여간 선악과 미추의 구별이 존재한다는 것 따위를 부정할 수 있는 사람이 있을까? 결국 회의는 자기가 자기를 논파하게 되고 만다. 왜냐하면 회의가라 할지라도, 자기가 회의가로서 **거기에 있고, 살아 있고,** 자기가 살아 있음을 **사랑하고** 이것저것을 **이해하고 있다**는 사실에 대해서는 확신을 갖고 있기 때문이다. 그야 돌도 '존재'하고 있고, 동물일지라도 살고 있기는 하지만 돌은 동물처럼 살고 있지 않고, 돌이나 등물은 인간처럼 자기의 생존을 이해하지 못한다.[7]

그러나 회의 그 자체 속에마저 깃들어 있는 이 진리의 확실성은 도대체 어디에서부터 우리에게로 오는 것일까? 분명히 그것은 우리들 자신이 켜지 않은, 스스로 자진하여 우리들을 비추어서 우리들에게 통찰을 부여하는 빛으로부터 온다. 진리라는 것이 존재하는지 어떤지를 의심하는 자는, 바로 그 의심으로써, 이미 자기 자신에게 있어서 참이고, 두루 비추고 있는 것을 전제로 하고 있는 것이므로, 그 자신도 그것을 깊이 의심하지 못한다. 낱낱의 모호한 진리는 후에 이르러 그릇된 것이었다는 것이 밝혀지는 일도 있을 것이다. 그러나 만일 진리 자체가 존재하지 않는다면, 낱낱의 것이 참이라는 것은 전혀 불가능하게 되고 말 것이다.[8]

의심한다는 행위 속에 전제되어 있는 이 진리는 다음의 세 가지 사실을 내포하고 있다. 즉 의심하는 자는, 그가 거기에 **있다**는 것을 알고 있고, 동시에 그는 자기의 존재에 관하여 **알고 있고**, 또 자기의 존재와 그 사실에 관한 자기의 의식(意識)을 **사랑하고** 있다는 사실이다. 차라리 살아 있지 않는 편이 낫다고 생각하고 자살해 버릴 정도로 삶에 싫증이 난 사람일지라도, 절대로 살아 있고 싶지 않다고 생각하거나, 자기에 관해서 절대로 아무것도 알고 싶지 않다고 원하는 것은 아니고, 자기의 비참함과 그 사실에 관한 의식으로부터 도피하고 싶을 따름이다 - 그것은 요컨대 그가 자기의 생존을 그 자체로서는 사랑하고 있기 때문이다. 생존보다도 무(無)를 택하는 듯이 보이는 사람도, 사실은 결코 무를 바라고 있는 것이 아니라, 그 어떤 긍정적인 것, 즉 안정(安靜)이라든가 평화라든가 보다 나은 존재의 행복 같은 것을 원하고 있다.[9] 존재하는 온갖 것은 존재에 있어서의 자기를 주장하고, 어느 누구도 진리보다는 허위를 택하고, 확실성보다 의심을 택하고, 지식보다 무지를 택하지는 않는다.

이상에서 언급한 논의는, 회의론이라고 할지라도 그 자신이 이성적인 심사(深思)를 터전으로 삼고 있다는 점에서 확실히 회의론의 약점을 찌르고 있다고 하겠지만, 그렇다고 해서 이 논의가 무조건적인 권위에 의한 신의 진리의 자기계시에 터전을 둔 신앙의 확실성을 정초(定礎)하는 것은 아니다. 이 논의는 단지 신앙을 위하여 철학적인 장애물을 치워버릴 뿐이다.

따라서 아우구스티누스는 회의론을 논파하려는 그의 저술을 끝맺음에 즈음하여, 회의론의 논파만을 가지고서는 아직 불충분하지만, 그렇다고 해서 사람은 진리의 발견에 있어서 결코 절망할 필요는 없다는 기대를 진술하고 있다. "우리는 이중(二重)의 힘에 의하여 진리의 지(知)로 촉진된다. 즉 오성(悟性)의 힘과 신의 권위의 힘에 의해서 나로서는 그리스도의 권위보다 더 강력한 것은 모르기 때문이다." 철학적 탐구

회의와 신앙 79

가 지닌 하늘거리는 빛은 도저히 복음의 빛이나 성령의 커다란 역사와는 비교가 될 수 없다는 것이 아우구스티누스의 결정적인 경험이었다.

그러나 테르툴리아누스와는 달리 아우구스티누스에게는, 탐구와 발견의 관계는, 발견하고 나면 그것으로 탐구가 그치고 만다는 식의 간단한 전후관계가 아니라, 신 안에는 찾을 수 있고 얻을 수 있는 것이 무진장으로 있으므로, 참으로 탐구한다는 일은, 발견하여 이미 진리 안에 있을 때야말로, 실로 새로이 시작되는 것이다.[10]

"우리는 발견되어야 할 자를 구하자, 또 우리는 이미 발견된 자를 구하자." 이미 발견된 자는 발견한 사람의 시야를 넓혀 주고, 되풀이하여 새로이 구하도록 촉구한다. 그리스도라는 진리를 그리스도교적으로 사랑하며 구하는 일에는, 애인에 대한 애정에 한이 없듯이 다함이 없다. 우리는 거기에 있는 어떤 사람에게, 나는 너에게 아무것도 묻지 않는다고 말하는 일이 있으나, 그것은 나는 너를 사랑하지 않는다고 말하는 것이나 마찬가지이다. 그러므로 우리가 어느 누구를 사랑하고 있을 때에는, 그 사람이 지금 거기에 있다고 하더라도, 역시 그 사람에게 여러 가지를 묻는다. 언제까지나 계속하는 애정이, 그 사람이 없어지지 않도록 마음을 쓰기 때문이다.

 사람이 어떤 누구를 사랑할 때, 또 사랑하는 사람을 만났을 때도, 그래도 싫증을 일으키지 않고 그 사람이 자기 앞에 있게 하고 싶어하는 것도 이런 까닭 때문이다. 즉, 사람은 자기가 사랑하는 사람이 언제까지나 거기에 있기를 요구한다. 이것이야말로 바로 '언제까지나 그 모습을 구하라'는 말의 뜻이고, 찾아낸다는 것이 사랑하는 이유이므로 캐어묻는 일에 결코 종지부를 찍지 않고, 애정이 더해 가면 갈수록 애인에게 캐묻는 일도 더해간다는 바로 그 뜻이다.[11]

 회의와 신앙 사이에는 철저한 구별이 있음에도 불구하고 한쪽에서 다른 한쪽으로 넘어갈 하나의 가능성이 있다. 물론 그것은 회의에서 신앙으로의 평탄한 옮아감이 아니라, 회의가 부풀어 절망이 되고, 그럼으로써 신앙으로 향할 터전이 생기는 그런 경우의 일이다. 그러나 절망할 정도로 격심하게 구하고 의심하는 사람은, 벌써 고대의 회의론의 의미에서 탐구하고 있는 사람이라고는 말할 수 없다. 고대의 회의론의 태도는 격정(激情)이 없는 아타락시라는 요지부동의 냉정을 지니고 유유히 솟아 있는 태도이지, 격변을 고대하고 있는 격정의 태도가 아니다. 이런 비약적인 초월을 신앙의 원리로 삼은 사람이 키르케고르인데, 이런 일은 키르케고르 이전의 그리스도교 사상가 중에서는 찾아볼 수가 없다.

키르케고르[12]는 그의 「레싱 및 레싱을 넘어서 나아가는 여러 명제」 속에서 처음에는 일단 레싱에게 동의하며 회의론의 입장을 취하여, 따라서 우리가 언제나 진리에 관하여 확신을 가질 수 있다는 점을 의심하고 있다. 만일 신이 오른손에 온갖 진리를 쥐고, 왼손에는 언제나 왕성하기 비할 데 없는 진리탐구를 쥐고 있어서, 우리에게 어느 한 쪽을 택하라고 한다면, 순수한 진리는 신만을 위하여 있는 것이기 때문에, 나는 단순한 진리탐구 쪽을 주십사고 청하겠다는, 레싱의 유명한 문장을 키르케고르는 동감하는 마음으로 인용하고 있다.

키르케고르는 레싱이 실험적인 진리탐구를 택한 사실을 강조하고, 레싱은 독단적인 강단의 철학자들과는 반대로, 지나치게 근엄한 사상가들이 자기의 사상의 결과라고 생각하고 있는 것을 아이러니컬한 부동(浮動) 속에 이끌어 들이기에 충분할 정도의 '회의적인 아타락시'와 '종교적인 것에 대한 감각'을 갖고 있다고 레싱을 칭찬하고 있다. 키르케고르의 말에 의하면, 확실히 레싱의 경우에 있어서는, 그가 그리스도교를 공격하였는지 변호하였는지 잘 알 수가 없다. 왜냐하면 그는 소크라테스와 마찬가지로, 진담과 농담을 뒤섞어 내놓는 솜씨를 잘 터득하고 있었기 때문이다.

레싱은 '부정적인 것이라는 상처'를 그대로 방치해 둔다. 그런 상처는 그대로 낫는 수도 있지만, 반대로 긍정적인 것은 상처를 지나치게 조급히 치유해 버린다. 키르케고르는 또, 레싱이 (사실적(史實的)인 예수라고 하는 것과 같은 것에 관한) 눈에 보이는 진리, 혹은 역사적인 진리로서 (그리스도로서의 예수에 대한) 신앙으로의 직접적인 이행은 - 대담한 초월(超越)이나 비약(飛躍)을 제외하고는 - 존재하지 않는다는 것을 알고 있었다고 말하고 있으나, 실은 여기에서 말하는 비약이란 요컨대 모험적인 결정을 말하는 것으로서, 레싱은 야코비와의 종교적 대화에 있어서, 나와 같은 무거운 두뇌와 늙어빠진 다리를 갖고서는 그런 '재주넘기(salto mortale)'는 무리라는 평계를 내걸고, 이런 결정을 아이러니컬하게 거부하였던 것이다.

키르케고르는 이 비약을 인내하고, 그 점에서 레싱과는 태도를 달리하였다. 레싱은 회의를 실험하였으나, 나는 종교적인 것을 실험한다고 그는 말한다. 이 비약의 실험에는 신앙 결정의 용기가 필요하다. 그때 사람들은 무엇인가를 건다[賭]. 그러나 비약을 감행하는 일이 의미를 지니려면, 탐구적인 회의의 도상에서 빠져나갈 길이 없는 막다른 골목에 들어가, 막혀서 절망할 수밖에 없다는 경우에 한한다. 그러나 키르케고르에게 신앙으로의 비약을 촉구한 것은 결국 철학에 대한 절망은 아니었다. 그러므로 키르케고르의 경우에 있어서는, 신과의 만남은 여전히 '끝이 없는 불확실성이라는 바다' 위에서의 신앙의 확실성에 불과하다. '종교의 아르키메데스의 점'은 결국 점 이상의 것이 아니므로, 사람들은 거기에 안주할 수가 없다.

아르키메데스의 점이라는 이 말은 데카르트를 회상하게 한다. 데카르트 역시 그의 회의의 도상에서 이런 확실한 점을 구하여, 자기를 의식하는 주관 속에서 그것을 발견하였다고 생각하였기 때문이다. 키르케고르는 데카르트의 이른바 세계의 감성적(感性的) 외관에 대한, 이 논리적 의의를 극단화하여, 세계-내(內)-존재 그 자체에 대한 격정적인 절망이라는 극단적인 것으로 만들었다. 모든 것을 의심하고 있는 자아(自我)란, 키르케고르에게는 자기에게 확실한 이성-자아(理性-自我)가 아니라, 실존하는 자기인 것이다.

키르케고르에게 있어서는 회의가 합리적인 세계 구성에 소용되는 것이 아니라, 절망이라는 격정에 있어서 자기 자신이 되는 일에 도움이 되고, 더 나아가서 이 격정이 신앙으로의 도약대로서 도움이 된다. 신앙 역시 하나의 '격정'이었기 때문이다. 키르케고르는 데카르트에 반대하여 다음과 같이 말하고 있다. 어느 누구를 막론하고 한 번은 진지하게 의심하고, 회의가로서 실존하려고 시도한다.[13] 의심할 따름이라면 유별나게 의심하고자 하는 각오도 아무것도 필요하지 않지만, 절망은 그렇게 마음대로 되지가 않는다. 왜냐하면 절망은 전체적이지만, 이론적인 회의는 부분적임에 불과하기 때문이다. 회의는 '차이(差異)'의 범위 내에서, 즉 이론적인 영역과 윤리적 실천적인 영역 속에서 움직이지만, 절망은 전체 안에서 움직인다.

따라서 키르케고르가 회의를 절망으로까지 극단화시킨 이유는, 그가 철학적인 이론이나 명상을 전혀 중요시 하지 않고, 그에게 중대한 것은 실천적 실존적인 것이고, 고대의 회의가나 데카르트가 이론적으로 깊이 의심스러운 것과, 실천적으로 깊이 의심스러운 것을 구별한 것 따위는 하찮은 것이라고 하여 돌아보지도 않은 점에 있다. 키르케고르는 다음과 같이 말하고 있다. 회의가는 윤리적인 문제에서 반드시 걸리고 만다. 왜냐하면 회의를 이론적으로 확인하기보다는, 확신을 가질 수 없는 것을 행하는 편이 훨씬 까다롭기 때문이다. 한편으로는 어떤 지식을 철저하게 의심하면서, 다른 한 편에서는 단순히 습관이라든가 개연성(蓋然性)에 좇아 철저하지 못하게 실용적으로 행한다는 것은 심한 모순이라고 하였다.

고대의 회의가는 물론이고, 데카르트까지도 이런 모순을 감내할 수 있었던 것은, 적어도 그들이 실천적 행위에 관해서는 확신을 지닐 수 있다고 생각하고, 따라서 역시 어떤 확실한 것을 갖고 있었기 때문이라고 키르케고르는 설명하고 있다. 이 설명으로 보아서도 알 수 있듯이, 키르케고르는 이론과 실천과의 본질적인 구별, 무조건적으로 탐구하는 회의론적인 이론과, 사실에 의하여 제약되어 있기는 하지만 실천적으로는 타당한 실천과의 본질적인 구별을 인정하고 있지 않다.

그러므로 키르케고르는 회의를 전면적으로 철저화시킬 수 있었던 것이다. 그러므로 또 그에게 있어서는 지적 회의(知的懷疑)와 그리스도교적 신앙과의 적극적인 관계는 전혀 존재하지 않는다. 절망 속에 포함되는 것으로서만, 회의는 신앙과 관계를 가지고, 이 절망은 '죽음에 이르는 병'으로서 신앙의 측면에서 해석된다.

파스칼[14]은 테르툴리아누스나 아우구스티누스와 마찬가지로, 그리스도교적 신앙과 철학적 회의와의 관계를 탐구와 발견이라는 구별로써 규정하였다(『팡세』, 419, 421, 423). 그러나 그는 신앙과 회의 및 지식과의 관계를 키르케고르와는 전혀 다르게 생각하였다. 왜냐하면 그는 사람됨에 있어서 엄밀하게 증명하는 수학적 자연 과학자이고, 모든 인간적인 사물에 관해서는 단호한 회의가로서 시종일관된 신앙가가 아니었으므로, 지식과 회의의 의의를 계시의 신앙의 확실성과 견주어서 헤아렸기 때문이다.

파스칼은 학자로서는 당대의 위대한 수학자 및 물리학자의 한 사람이었고, 회의가로서는 몽테뉴의 제자인 동시에 몽테뉴를 통하여 고대의 회의가의 제자이기도 하였다. 신앙가로서의 그는 바울과 아우구스티누스의 전통 속에 서 있다. 파스칼의 정신을 구성하는 이 세 개의 요소는 서로 방해하지 않고 오히려 서로 보합(補合)하고 있다. "의심이 필요한 경우에는 의심하지 않을 수 없다. 확실성이 필요한 경우에는 확실성을 획득하지 않을 수 없다. 또 필요하면 자기를 (즉, 자기의 회의와 지식을) 저버리고 복종하지 않을 수 없다."

회의와, 학문적 확실성과, 신앙적 복종이라는 이 세 개는 회의가이고 수학자이고 그리스도교도인 파스칼 속에서 하나가 되어 있다. 모든 것이 증명이 가능하다는 따위의 주장을 할 수 있는 것은, 증명한다는 것에 관해서 아무것도 모르는 자만이 말할 수 있다. 모든 것을 의심하는 것은, 어디에서 복종해야 하는가를 모르는 자만이 말할 수 있다. 또 어떤 경우에도 복종할 수 있다고 하는 것은, 어디에서 판단해야 하는

가를 모르는 자만이 말할 수 있다. 이 세 가지 태도는 각기 자기의 영역 안에서는 이성적이다(『팡세』, 268절 이하).

사람은 이성으로서는 파악할 수 없는 허다한 것들이 존재한다는 것, 그리고 이성이 자기가 자기를 저버리는 것만큼 이성에 적합한 일은 없다는 것을 통찰해야 한다(267, 272). 인간에게는 전체적이고 확실한 진리에는 도달하기가 불가능하고, 원리라는 것은 일부는 진(眞)이고 일부는 위(僞)이므로, 이러한 어중간한 진리가 서로 보합하여 하나의 진리 전체를 빚어내지 못 하고, 오히려 어중간한 진리가 서로 파괴한다는 사실을 통찰하는 지경에까지 도달하지 않으면 안 된다(385, 394).

어떤 특별한 단편(434)에서 파스칼은 회의의 중요한 강점, 즉 우리의 여러 전제 및 근본적인 여러 결정의 불확실성에 관해서 말하고 있다. 이에 비하면 이미 고대의 회의론이 지적한 여러 가지의 불확정성, 즉 교육과 습관과 풍습과 같은 것의 차이에서 오는 우리들의 판단의 상대성은 그리 중요한 것이 못된다 - 파스칼의 말을 빌리면, 교육, 습관, 풍습과 같은 견고하지 못한 근거만을 독단적으로 단정하기 때문에, 대개의 사람들의 호감을 사는 그런 교설이 비록 불확실하거나 말거나 그리 대단한 일이 못 된다. 보다 본질적인 것은, 자연스러운 방법으로 우리들이 여러 원리를 확실하다고 감지하는 설이 있음은 예외로 친다고 해도, 그 외에는 계시된 진리 이외에는 우리의 여러 원리가 진리라는 절대적 확실성은 존재하지 않는다는 점이다.

그러나 예컨대 우리가 깨어 있기 때문에, 꿈을 꾸고 있는 것이 아니라고 느끼는 자연의 감정은, 결코 진리가 있다고 하는 사실에 관한 확증은 아니므로 이런 것을 가지고 회의적인 이성의 폭론(暴論)을 논파할 수는 없다. 신앙의 확실성을 제외하고는, 인간이 선한 창조주에 의하여 창조되었는지, 악한 악마에 의하여 만들어졌는지, 혹은 우연히 여기에 있는지 어떤지에 관한 아무런 확실성도 없다. 우리들 자신의 유래에 관한 이 원리적인 불확실은, 우리의 본성의 불확실성까지도 속에 포함하고 있다. 그리고 이에 대해서는 자연적인 확실성을 주장하는 독단론자도 결코 그럴 듯한 답변을 하지 못한다. 이런 독단론자는 회의론의 세례를 한 차례 받고 나면, 당장에 자기의 획득물로 생각하고 있던 것을 던져 버리지 않을 수 없게 된다.

독단론자와 회의론자의 이 싸움에서는 어느 한 쪽 편들지 않을 수 없다. 왜냐하면 이 싸움에서 중립을 지킬 수 있다고 생각하는 자는, 사실은 그렇게 생각하는 그 사실로 인해서 이미 회의가 쪽에 편들고 있는 셈이기 때문이다. 자기들에게 반대하지 않는 자는 곧 자기들의 편이라고 생각하는 것이 바로 회의가의 특징이다.

"이러한 상태에 있는 인간은 어떻게 행동할 것일까?" 나는 과연 깨어있는가 꿈을 꾸고 있는 것일까, 이 나는 참으로 의심하고 있는 것일까, 도대체 나는 존재하고 있는 것일까 하고 모든 것에 대하여 의심을 가질까? 이러한 막다른 상태에 있어서는, 인간이란 완전히 모순성을 폭로한다. 인간은 야릇한 괴물처럼 보인다. 즉, 인간은 자기 자신 및 존재하는 것의 모든 것을 알고 있는 유일한 피조물인 동시에, 우주에 있어서의 무(無)이고 "진리의 관리자인 동시에 미망(迷妄)의 시궁창이고, 우주의 영광인 동시에 쓰레기이기도 하다"(430 이하). 그러므로 단 하나만이 남는다. 즉, 인간의 이성과 회의가 겸손해져서, 신을 향하고 신이 굽어볼 때, '인간은 인간을 무한히 초월' 하고 있음을 안다. 인간은 자신의 참 상태를 스스로가 아니라, 창조주의 말을 들음으로써 알도록 애써야 한다.

이 야릇한 인간의 상태를 이해할 수 있기 위해서는, 인간이 신앙에 있어서 특히 확신을 가져야만 할 두 개의 그리스도교의 가르침이 있다. 그것은 타죄(墮罪)에 의한 인간성의 타락과, 예수 그리스도를 통한 타락으로부터의 구원이다. 이 둘은 다 같이 이성을 초월한 비의(秘儀)이고, 우리의 자연적 이성을 넘어서는 것이지만, 그럼에도 불구하고 이것만이 우리 인간의 상태를 설명해 준다. 죄와 속죄라는 비의가 없다면, 인간 자체가 이 비의보다도 더 불가해한 존재가 되고 만다.

이렇게 파스칼에게는 인간의 상태가 지닌 수수께끼가 신앙으로써 풀리지만, 이때 도움이 되고 있는 것은, 다른 일체의 모호한 확실성을 동요하게 하여, 인간이 신앙의 확실성을 발견하도록 촉진하는 회의론이다. 동시에 파스칼은 어디까지나 현실적이었으므로, 참으로 신앙이 돈독한 그리스도인은 극히 적다는 것과(256), 인간이란 내적 확신만을 터전으로 삼아 신앙할 수 있기에는 너무나도 나약하다는 사실을 알고 있다. 인간은 영혼인 동시에 육체다. 그러므로 인간은 자신의 확신을 육체적으로도 신앙의 습관으로써 견고하게 만들어야만 한다. 즉 그리스도교적인 습성도 잘 익혀야만 한다(245).

회의가 지식의 한계에 부닥친다고 해서, 곧 회의가 신앙으로 이끌어 가는 것은 아니다. 회의는 다만 신앙의 한계에까지 이끌어갈 뿐이고, 이 한계를 넘어설 수가 있는 것은 신의 은총과 신의 자기계시가 인간의 의지를 쾌히 받아들여 주실 때뿐이다. 그러므로 파스칼은 그리스도 **이전**의 고대의 회의론에 관해서는, 퓌론(Pyrrhon)주의는 옳다(432)고 할 수가 있다고 한다. 실제가 그리스도 이전에는 인간은, 무엇 때문에 살고 있는지를 아직 모르고 있었기 때문이다.

그러나 그리스도 이후에도 이 회의론은 여전히, 그리스도에게 있어서 생긴 계시에 복종하지 않는 한에 있어서의 탐구의 최후의 지혜인 것이다. 물론 그리스도교 이후에도 철학하는 것을 생각할 수 있다. 즉 철학자가 그리스도교도가 된 경우인데, 그러나 그 경우에는 이 철학자는 이미 회의적인 철학자로서가 아니라, 그리스도교적인 사상가로서 그리스도교에 관계하고 있는 것이다. 따라서 단지 세 개의 정신적인 가능성이 있을 뿐이다. 즉 계시된 진리를 믿든가, 그것을 거부하든가, 그렇지 않으면 옳게 의심하든가. 이 세 가지 사유의 태도는 인간에게는, 마치 말에게 있어서 달리는 그것과도 같다고 파스칼은 말하고 있다(260).

이에 따라서 파스칼은 인간을 세 가지 종류로 구분한다. 첫째, 신을 발견하였기 때문에 신에게 봉사하는 자. 그들은 이성적이고 행복하다. 둘째, 신을 발견하지 못하고, 아직 신을 찾고 있는 자. 그들은 이성적이지만 불행하다. 셋째, 신을 찾지 않기 때문에 신을 발견할 수가 없는 자. 그들은 어리석고 불행하다(257).

그러나 최후로 하나의 문제가 더 남는다. 어째서 한쪽 사람은 발견하는데, 다른 쪽 사람은 찾는데도 발견할 수가 없는가 하는 문제다. 이 물음에 대한 파스칼의 대답은 간단하지만 정통을 따르고 있다. 찾아도 발견하지 못한 자들이, 우리는 진지하게 전심전력을 경주하여 구하였으나, 그래도 발견하지 못하였다고 주장하여도, 파스칼은 전혀 신용하지 않는다(94). 열성적이지만 결국 진리를 발견하지 못하는 진리탐구란 실은 태만에 기인한 것인데, 단지 습관으로 신앙하고 있는 자들이 있는 반면에, 오로지 태만하기 때문에 신앙하지 않는 자들도 있다고 파스칼은 생각한다. 의심하는 자가 만일 도리(道理)를 알고 있는 사람이라면 제멋대로의 탐구의 방향에서는 구하고 있는 진리를 발견할 수 없다는 점으로 미루어 보아서, 그렇다면 곧 방향전환을 하지 않을 수 없다, 후회하지 않을 수 없다, 즉 자기의 탐구적인 회의에 따라서 미리 예정을 세워둔 방향과는 다른 방향에서 찾지 않을 수 없다고 깨닫게 될 것임에 틀림없다. 여기까지 오면, 발견하고 난 후의 신앙과 아직도 계속하여 참고 있는 회의 사이의 토론의 여지는 - 적어도 신앙하는 자에게는 - 없어지고 만다.

불확실성이라는 것을 이유로 삼아, 단지 철학적인 고백을 함으로써 만족할 수 있는 사람이 있다면, "그런 엉뚱한 인간을 무어라고 불러야 할지 모르겠다"라고 파스칼은 말한다. 그런 인간의 정신상태와 세계관을 파스칼은 다음과 같이 묘사한다. "나는 누가 나를 생존시켰는지를 모르며, 세계가 무엇인지도, 또 나 자신이 무엇인지도 모른다. 내가 알고 있는 것은, 아무튼 내가 여기에, 우주의 이 구석에 있다는 **이 사실** 뿐이지만, 그것도 어디에서 와서 어디로 가는지, 왜 다른 곳이 아니라 바로 지금 여기에 있는지를 나는 전혀 모른다. 내가 유한하고, 나의 생존에는 종말이 있다는 사실이야말로 내가 알고 있는 전부이지, 죽음이 **무엇**인지를 나는 모른다. 그러므로 나는 두려움도 소망도 없이 이 종말을 기다리고, 나의 생존의 이 공허에 직면하여서도 영원성에 관한 무익한 사색을 하지 않을 셈이다"(194 및 205, 434, 469 참조).

파스칼이 말하는 이 엉뚱한 인간은, 평균적인 생존 속에 내던져져 있는, 세상이 다 아는 저 실존주의자(實存主義者) 바로 그 인간이다. 실존주의자는 근원적 투기(根源的 投企; project fundamental)를 시도하여 무엇인가를 위하여 힘을 다한다고 하여 자기의 회의를 침묵시키고 있다. 파스칼은 "이런 사고방식을 가진 인간을 벗으로 삼을 수는 없다. 왜냐하면 죽음에 있어서 생존을 궁극적으로 상실한다는 사실과 영혼의 구원이라는 가장 중요한 일에 전혀 무감각하면서도, 명예와 자유와 재산 따위의 극히 사소한 손실에도 그렇게까지 민감하다는 것은 기괴하기 짝이 없는 일이기 때문이다"라고 말한다.

    그러나 신앙의 확실성일지라도 아무런 보증도 않는다. "만일 착실한 것만을 찾아서 노력해야만 한다고 할 것 같으면, 종교 따위를 구할 필요가 없을 것이다. 왜냐하면 종교는 확실하지가 않으니까. 그렇지만 사람들은 이미 일상생활에 있어서 불확실성을 내포하고 신앙을 전제로 하는 일을 그 얼마나 많이 행하고 있는지 모른다. 예컨대 바다를 건너는 여행이라든가 전투 따위가 그런 것이다. 그러므로 내가 생각하기에는, 만일 언제나 안전하게 해 나가고 싶거들랑, 모름지기 인간은 아무런 일도 시도하지 않아야 할 것이다. 반대로 우리가 내일이라는 날을 경험할 것이라는 생각 속에서 보다는 종교에 더 커다란 확실성이 있다. 왜냐하면 우리들이 내일이라는 날을 경험할 것이라는 것은 확실하지 않지만, 우리가 내일이라는 날을 경험하지 못할 것이라는 사실은 확실히 가능하기 때문이다. 그러나 종교의 불확실성은 그렇게 엄청난 불확실성은 아니다. 이유는, 종교가 진리라는 것은 물론 확실하지 못할 것일지도 모르지만, 종교가 진리가 아니라는 길은 확실히 가능하다는 따위의 당돌할 주장을 할 수 있는 자는 아마도 없을 것이기 때문이다"(234).

파스칼의 회의와 지식, **그리고** 신앙에 있어서의 불확실성의 승인의 배후에는, 아니 그 위에는, 궁극적인 확실성에 대한 무조건적인 갈망이 있다. 회의의 강도와 넓이는 파스칼의 경우에 있어서나 데카르트의 경우에 있어서나,[15] 진정한 확실성으로서의 진리에 대한 의지를 척도로 삼고 있다. 파스칼의 기록은 인격적인 성서의 신을 철학자의 신과 분명히 구별하는 것으로 시작하여, 뒤이어 두 번째 문장 속에서는 '확실성'이라는 말을 두 번이나 사용하고, 그 후에야 비로소, 즉 의심할 여지가 없는 확실성의 경험을 터전으로 삼고, '불안과 기쁨'이라는 말을 사용하고 있다. 확실성으로서의 진리에 대한 이 갈망의 동기가 되어 있는 것은, 진정한 구원의 확실성으로서의 진리라는 전제이다.

만일 진리가 구원에 아무런 관계도 갖고 있지 않다면, 그것의 확실성 역시 이차적인 관심사에 불과할 것이다. 확실성으로의 이 한없는 갈망이, 철학적인 회의주의에서 독단적인 신앙으로의 파스칼의 초월을 정초(定礎)하고 있고, 신앙의 강도는 그 전제가 되는 회의의 강도 여하에 달려 있다는 의미로서, 회의에 대하여 신앙을 위한 간접적인 효용을 인정하는 터전도 되고 있다(421, 424).

파스칼이 행한 인간상태의 분석에 대한 비판도 역시 회의와 신앙과의 이 극한주의를 노려서 이루어지고 있다. 파스칼의 『팡세』에 대한 볼테르의 주석은, 인간의 상태가 무한한 전체와 무(無)라는 두 개의 심연 사이에 끼어 있는 극단적인 상태라고 말하는 파스칼의 사고방식에 대해 논란하고 있다. 따라서 볼테르는 또 구원의 확실성의 필연성도 의심하고 있다. 인간의 비참(悲慘)과 위대(偉大)는 원죄(原罪)라는 극한적인 전제가 없어도 충분히 이해가 된다. 인간은 완전하지도 못하고 일체를 다 알지도 못하지만, 그렇다고 해서 전적으로 비참하고 무지한 것도 아니라는 것은, 반드시 인간이 처음의 신적인 상태에서 타락한 것을 말해 주는 것은 아니다. 그것은 요컨대 인간이 하나의 인간이라는 사실을 말해 주는 것에 불과하다고 볼테르는 말하고 있다.

파스칼은 그리스도교의 진리뿐만 아니라, 진정한 그리스도교란 무엇인가에 관해서도 지나친 확신을 지니고 있었다. 신앙의 확실성을 체험한 지 몇 해 후에, 그는 쟝세니스트 편에 서서, 진리의 증인이 되어 격렬하게 논적(論敵)을 공격하는 일에 종사하였다. 이 논쟁에 있어서 파스칼은 무리한 말을 하여 스스로 미망(迷妄) 속에 휩쓸려 들어가지 않을 수 없었다. 절대적이고 초인간적인 진리라는 것은 결코 인간에 의하여 변호될 수가 있는 것이 아니다. 하물며 죄라든가 속죄라든가 하는 진리는 말할 필요도 없다. 파스칼도 종국에는 이 사실을 알아차렸다.

어떤 편지에서[16] 그는 만일 신이 참으로 하나의 인간 속에서 역사하고 계신다면, 그 인간은 자기의 원수일지라도, 역시 신의 뜻에서 나온 것이라 하여, 용서하지 않을 수가 없다. 왜냐하면 바로 같은 신의 뜻이 자기에게 재난을 뒤집어씌우고, 논적의 반항을 허용하고 있기 때문이라고 썼다. 「시골에 있는 벗에게 주는 편지」에 실린 파스칼의 논쟁적인 공격보다도 한층 본질적인 것은, 그적 변명의 엄청난 넓이와 명쾌성과 불편견성이다.

파스칼의 유일한 편견은 오버베크가 지적한 바와 같이,[17] 그리스도교 그 자체와 그리스도교의 신앙만이 인간의 본성의 수수께끼를 풀어준다고 하는 확신이다. 그는 세상사람들 앞에서 그리스도교를 변호하기 위하여, 그리스도교의 교의의 주장을 억제하여 정도를 낮추지 않는다. 그는 또 자기의 사명을 간단한 것으로 만들기 위하여, 그리스도교의 교의를 결단이라는 한 점에 압축시키지도 않는다. 그는 이 세상 사람의 하나로서, 회의적인 속인들에 대하여 그리스도교의 교의를 완전하게 전체적으로 변호한다. 그때 그는 가톨릭적인 전통의 한계를 돌파하고 있다. 그러나 파스칼은 극히 예리하고 냉철한 오성(悟性)으로 그리스도교를 변호하기 때문에, 그리스도교의 진리에 대한 회의를 굴복시킬 뿐만 아니라, 오히려 그런 회의를 눈뜨게 하여 유도시키게 만드는 위험에 빠지고 있다. 그리고 그의 이 경건한 회의의 본래의 대상은 몽테뉴의 철학적인 회의인 것이다.

파스칼은 『팡세』에서 신이 굽어보아 주시고 신을 향하고 있는 인간은, 범인(凡人)을 무한히 초월하고 있다고 말하고 있다. 이 문장은 몽테뉴의 모호한 「레몬스본 변호」의 끄트머리와[18] 연결되어 있다고 볼 수 있다. 몽테뉴는 거기서 oquam contempta res est homo nisis upra humana surrexerit(아, 인간이란 그 얼마나 천한 존재이랴, 그 인간성을 초월하지 못하는 한)이라는 세네카의 문장을 인용하고 있다. 세네카의 『자연적 제 문제』의 서문에서 따온 이 문장에서 언급되고 있는 초월이 지향하는 바는, 결코 그리스도교적인 신이 아니라, 자연적인 코스모스다.

스토아 학파의 견해에 의하면, 인간은 인간성이라는 병원에 있는 환자이므로, 인간은 지나치게 인간적으로 자기 자신 속에 사로잡혀 있는 처지에서 벗어나, 스스로 의원(醫員)으로서, 현인으로서 인간을 넘어서고 인간을 감싸고 있는 자연적인 우주의 세계를 자유로이 고찰할 수 있을 정도로 자기를 높여야만 한다는 것이다. 이 고전적인 문장을 몽테뉴는 그리스도교적인 전제 밑에서 모호하게 설명하고 있다. 즉, 이 문장은 '의미심장한 말'이고 '유익한 소원'이라고 하면서도 한편으로는 또 '배리(背理)'라고 말하고 있다. 배리라고 하는 이유는, 자연적으로 우리들에게 배당된 인간으로서의 절도를 넘어서고 싶다고 원하는 따위는 불가능한 오만이기 때문이다.

인간은 자기 자신의 눈으로 보는 이외의 것은 볼 수가 없고, 자기 자신의 손에 잡히는 것 이외의 것은 붙잡을 수가 없다. 인간이 자신의 자연적인 인간성을 초월해야만 한다는 오만한 생각을 하는 경우에도 역시 마찬가지다. 몽테뉴는 경건한 소원으로서, 만일 신이 인간에게 초자연적인 힘을 부여하시고, 인간이 자기 자신의 능력을 부인하고 낱낱의 행동을 전적으로 신에게 맡겨 버린다면, 인간은 자기 자신을 넘어서 자기를 높일 수 있을 것이지만, 이러한 놀라운 메타모르포제[變貌]는 우리들의 스토아적인 덕(德)에는 기대할 수가 없고, 다만 그리스도교적인 신앙에만 기대할 수가 있다고 부언하고 있다.

몽테뉴는 이렇게 말하였지만, 스토아적이고 철학적인 덕

과 그 덕의 강도를 진지하게 문제 삼고 의심한 것은 몽테뉴가 아니라 파스칼 한 사람뿐이었다.[19] 경건한 그리스도인인 파스칼에게는, 이 스토아의 철학적인 덕은 빛나는 악덕이고, 이 세상의 지혜는 하느님 앞에서는 어리석음이었기 때문이다. 인간적인 지혜의 지식은 회의라는 요소를 포함하지 않고서는 매길 수가 없지만, 또 한편으로는 철학적 회의는 그리스도교적 신앙에는 언제까지나 반발의 대상으로 남지 않을 수가 없다. "철학자들, 그들은 범인들을 놀라게 한다 - 그리스도교도들, 그들은 철학자들을 놀라게 한다"(443).

주석

1) 섹투스 엠피리쿠스(Sextus Empiricus), 『퓌론학파 요강(Pyrrhoneische Grundzüge, übers』(파펜하임 역[철학 총서]), 1877년.
2) 칸트 이후에는 슐쯔(G. E. Schulz)가 『이론철학 비판(Kritik der theoretischen Philosophie)』(1801~1802년)에서 고대의 회의가 아에네시데무스(Aenesidemus)의 이름 밑에서, 고대의 회의론을 새로 부활시키려고 시도하였다. 이 책이 인연이 되어 헤겔은, 철학에는 회의론이 적극적인 의미를 갖는다는 것을, 어떤 치밀한 논평

속에서 철저하게 진술하고 있다.
3) 『헤겔 전집』, 제16권, 1834, 70면 이하의 「회의와 철학의 관계에 대하여(Über das Verhältnis des Skeptizismus zur Philosophie)」 참조.
4) 케레니이(K. Kerényi), 『심포지온의 위대한 다이몬(Der große Daimon des Symposion)』, 1942년.
5) 테르툴리아누스(Tertullianus), 『시효에 관하여(De Praescriptionibus)』, 7, 9, 11, 12장.
6) 아우구스티누스, 『신앙의 유용성에 관하여』, 제8장.
7) 아우구스티누스, 『자유의지론(De libero arbitrio)』, 제2권의 7장 및 8장, 제1권의 16장.
『삼위일체론(De trinitate)』, 제10권 제10장.
쇤(K. Schön), 「아우구스티누스에 있어서의 회의와 진리의 확실성(Skepsis, Wahrheit und Gewißheit bei Augustinus)」, 1954년. 하이델베르크 대학 제출 학위 논문 참조.
8) 아우구스티누스, 『진정한 종교에 관하여(De vera religione)』, 73장.
9) 아우구스티누스, 『신국론(De civitate dei)』, 제11권 26 이하.
『자유의지론』, 제3권 18 이하.
10) 아우구스티누스, 『요한복음 강해』, 63의 1.
11) 아우구스티누스, 『서간』, 104의 3.
12) 『키르케고르 전집』, 1911년 이후 속간, 제6권 152p 이하.
13) 『키르케고르 전집』, 제7권 50p, 제2권 179p 이하.
헥커(Theodor Haecker) 편, 『일기』, 제1권 183p, 1923년.

『모든 것이 의심되어야 한다(De omnibus dubitandum est)』, 슈트루베(W. Struve) 편, 1948년.

스피노자, 『지성 개선론(De intellectus emendatione)』에 관해서는 Gebhardt 판, 197년 37p.

14) 패트릭(D. G. M. Patrick), 『파스칼과 키르케고르(Pascal and Kierkegaard)』, 상하2권, 런던, 1947년. 참조.

15) 파스칼은 데카르트을 비판하고 있지만, 파스칼 자신도 역시 그의 사유의 근본에 있어서는 데카르트 학도임을 숨길 수가 없다. 파스칼에게도 존재자의 전체는 연장적(延長的) 실체(實體)와 사유적(思惟的) 실체로 나뉘어져 있다. 파스칼은 인간의 정신만이 자신과 세계에 관하여 알고 있고, 자연적인 전체 세계는 자기에 관해서나 인간에 관해서나, 아무것도 알지 못한다고 말하고 있다(『팡세』 793, 347). 그러면서도 파스칼이, 우리는 모름지기 데카르트에 반대하여 저술해야만 한다고 기록하고 있는 것은(76 이하), 데카르트가 수학적 자연과학이야말로 진정한 지식이라는 주장을 절대화하여, 증명이라는 방법, 즉 '기하학적 정신'을 유일하고 절대적인 것으로 만듦으로써, 신에 대한 신앙을 피하여 통과하려고 하기 때문이다. 데카르트처럼 증명에 입각하는 자는 무익하고 불확실하다. 인간은 단지 생각할 뿐만이 아니기 때문에, 데카르트 철학은 인간에게는 무익하고, '나는 생각한다'의 확실성은 마음과 영혼의 이성을 내동댕이치기 때문에 데카르트 철학은 불확실하다. 만일 데카르트가 이성에서 궁극의 귀결을 이끌어냈다고 한다면, 증명이 불가능한 것이

허다하게 존재한다는 것과, 이성으로서는 스스로 자신을 버리는 것이 가장 어울린다는 것을 깨달았을 것이다.

16) 파스칼, 『도마에게 보내는 편지(Brief an Domat)』, 부랑슈빅크 판 245p 이하.
17) 오버베크, 『그리스도교와 문화(Christentum und Kultur)』, 1919년, 126p 이하.
18) 몽테뉴, 『수상록』, 제2권, 12장의 끝머리와 제3권의 13장.
19) 파스칼, 『사시와의 대화(Entretien avec M. de Sacy)』, 부랑슈빅크 판, 146p 이하.

3. 키르케고르의 신앙으로의 비약

　키르케고르의 저술은 덴마크 판으로는 30권이 넘는다. 이것이 단지 15년 동안에 키르케고르라는 한 인간에 의하여 저술되었다는 점으로 볼 때, 그 재능과 정신적인 정열은 전율을 일으키게 할 그 무엇이 있다고 하지 않을 수 없다.

　키르케고르는 사람들을 물리치면서도 끌어당기는 희귀한 정신의 소유자였다. 지금 그의 명예를 위하여 베풀어지고 있는 허다한 키르케고르 기념 강연을 만일 키르케고르 자신이 저승에서 듣고 있다면 그것에 대하여 외면을 하며 차디찬 아이러니를 지닌 채, 사람들은 자신의 '교정수단(矯正手段)'을 규범(規範)으로 만들었고, 또 자신의 요구를 '체계'로 만들고 말았구나 하는 점을 감득할 것이다.

　그의 저술의 역사적 운명은 매우 달라졌다. 그의 저서는 여러 권으로 된 일기 외에는 모두 1855년에 덴마크어로 출판

되었지만, 그 후 반세기가 지나서야 일반의 손에 들어오게 되었고 알려지게 되었다. 키르케고르의 저술이 가장 광범위하게 영향을 끼친 것은 제1차 대전 직후이고, 이어 1920년대에 신학자(바르트, 불트만)와 철학자(야스퍼스, 하이데거)에 의하여 흡수되고 소화되었다. 키르케고르 전집의 교정판도 나왔고, 새로운 독일어판 번역이 두 가지나 나와 있는 오늘날 키르케고르에 대한 관심의 고조는 점차 가라앉아도 좋을 것이다.

키르케고르는 몰라도, 보통 인간은 10년 동안이나 역설(逆說)의 극한점에 서서 세계와 인간에 관한 사고방식을 - 전통적인 그리스도교에 편드느냐 아니면 적대하느냐 하는 - '결단'의 일점에 압축한다는 따위의 일은 도저히 불가능하다. 야스퍼스가 1931년에 적절하게 파악한 바에 의하면 '현대의 정신적 상황'은 이미 키르케고르라는 간판을 내걸 수 있는 그런 것도 아니고, 니체라는 간판도 역시 부분적으로밖에는 통용되지 않는다.

현대의 상황은 어느 누구의 이름을 간판으로 삼거나, 어떤 이름을 내걸고 기치를 분명히 할 수 있는 것도 아니다. 단지 간판을 내건다고 하면, 일시적인 복고와 닥쳐올 것에 대한 막연한 기대라고 쓸 수밖에 없다. 키르케고르는 흥미가 쏠리는 것에 관심을 갖는다는 것은 윤리적·종교적 결단이라는 엄숙성을 앞에 놓고 주저하여 도망치는 것이라고 단정하였으므로, 오늘날 키르케고르가 이미 30년 전과 같은 관심의 대상이 되지 않는다고 해서, 그 자신이 그 사실을 개탄하지는 않을 것이다. 30년 전에만 해도 키르케고르의 저술은 도스토예프스키나 니체의 저술과 더불어, 한 사람 한 사람에게 읽혀졌을 뿐만 아니라, 허다한 사람들에 의하여 무조건 용납되었다. 키르케고르는 그 당시는 아직 아무도 말하지 않았지만, 말로써는 표현하기 힘든 형식으로 그 시대에 인정되고 있던 그 무엇을 말해야만 하였다.

한편 두 개의 대전(大戰) 사이에 끼인 시대의 표어이고 공공연한 비밀이었던 것은, 다름 아닌 결단으로의 열망이라는 것이었지만, 이것은 실로 1세기 전에 마르크스와 키르케고르가 서로 다르기는 하지만 매우 흡사한 상황 속에서, 원리로 세운 것이었다. 마르크스는 시민적 자본주의 세계에 대항하여 새로운 사회질서에 대해 결단을 하였고, 키르케고르는 시민적 그리스도교 세계에 대항하여 1,800년 전에 선포된 그리스도교의 부흥에 대하여 결단하였다. 그러므로 1920년대의 정치적, 철학적, 신학적인 결의주의(決意主義)가 마르크스, 키르케고르 및 도노소 코르테스 속에서 결합될 가능성을 발견한 것은 결코 우연이 아니다. 사람들은 자기들이 '중간시대(zwischen den Zeiten)'에 살고 있고, 비판적인 위기에 서 있다는 것을 알고 있었던 것이다.

세련된 변증법에도 충분히 만족할 수 없을 정도로, 무엇에도 지지 않을 반성을 지닌 역설적인 저술가 키르케고르가, 신학자라든가 철학자라든가 하는 좁은 범위를 훨씬 넘어서 일반 사람들에게 호소할 수 있었던 것은, 그 자체가 하나의 역설로서, 설명이 필요하다.

키르케고르에게 있어서는 무엇이 특히 광범위하게 일반 사람들에게 호소할 힘을 가졌던 것일까?『건덕적 강화(講話)』일까,『그리스도교의 훈련』일까,「유혹자의 일기」일까, 아니면 절망과『불안의 개념』일까, 혹은 에로스적, 미학적, 심리학적, 실험적, 건덕적, 종교적인 사유과정이 유례없이 교차하고 있는 이 모든 사고방식일까? 그렇게도 많은 사람들에게 키르케고르를 애독하게 하고 - 좋건 나쁘건 - 키르케고르와 대결시킬 수 있었던 깊은 이유는 무엇일까? 키르케고르는 단지 실존주의와 변증법적 신학의 공인되지 않은 아버지인가, 아니면 테르툴리아누스, 아우구스티누스에서 루터, 파스칼에 이르는 경건한 호교가(護敎家)의 계열에 속하는 사람일까? 그는 철학자도 신학자도 아니고, 자기 자신이 말하고 있듯이

'종교적 저술가'일까? 그리고 그것은 무엇을 뜻하고 있는 것일까?

의심할 여지가 없는 하나의 사실은, 그는 반성적(反省的) 천재성의 한 현상이지만, 그의 경우는 매우 특수하여서, 그는 그의 독창적인 천재성을 매개로 삼아 진정한 그리스도교의 유혹자이려고 하였고, 따라서 이제까지의 그리스도교계에 대한 철저한 비판자가 되었다는 사실이다. 키르케고르는 반성을 매개로 삼아 그리스도를 직접적으로 모방하기에까지 이르기란 자기로서는 불가능하다는 사실을 의식하고 있으면서도, 그래도 역시 그는 그리스도교에 대한 이 유혹을 감행하였다. 그러므로 키르케고르는 정신의 구별에, 즉 '천재'와 '사도', '시인'과 '진리의 증인', 반성적 상상력과 종교적 실존과 같은 구별에 최대의 중점을 두었다.

이 두 개의 영역의 비판적인 경계를 암시하기 위하여 그는 자신을 종교적 저술가, 즉 '권위 없이' '간접적 전달'이라는 형식으로 진정한 그리스도교에게로 '주의를 돌리는' 것만을 원하는 자라고 한다. 그가 자신의 저서의 대부분을 익명으로 출판한 것도 그 때문이다. 말년에 이르러 결단을 의미하는 「순간(瞬間)」이라는 팜플렛을 출판하였을 때, 비로소 위태로운 재판관이라는 자격으로 덴마크 국교에 반항하여 직접적으로 공공연하게 등장하였다. 그러나 그는 임종의 침상에 누워서, 자기는 결국 그리스도교의 요구의 부드러운 점보다는 그 엄한 점을 지나치게 강조하지나 않았는가, 그리고 자기가 신약성서의 의미에서 허용되는 정도를 넘어서 주제넘은 짓을 하지나 않았는가 하고 뉘우쳤다 - 어느 누구를 막론하고 그리스도교적인 것을 그리스도교계에 다시 끌어들이려고 한 키르케고르의 시도가 진지한 것이었다는 사실을 부인할 수는 없을 것이다. 그러나 - 슐라이어마허보다도 더 잘 '그리스도교를 경멸하는 자들 속에 끼어 있는 교양인들'에게 다시금 그리스도교에 대한 관심을 품게 하였다는 것이, 그의 저술의 최대의 성과, 더하여 그가 전혀 기대하지 않고 있었던 성과였다는 것을 부인할 수 있는 사람도 없을 것이다.

키르케고르는 자기야말로 지금 세상에서 진정한 그리스도교가 무엇인가를 알고 있는 유일한 인간이라고 생각하고 있었지만, 우리는 그의 이 엄청난 주장을 새삼스럽게 따지지 말자. 또 그의 저술이 세계와 인간의 본질에 관한 철학적인 심사(深思)에 대하여 얼마만한 의미가 있는가도 매우 의문이지만, 그것 역시 묻지 않으련다. 자연의 세계에 관하여서는 키르케고르는 우리에게 대하여 이야기할만한 아무것도 가진 것이 없다. 인간의 본성에 관하여 그가 매우 많이 말하고 있다고는 하지만, 그것은 사람들이 그와 더불어, '생명적'으로 만드는 것은 오로지 그리스도교적인 의미에서의 '정신' 뿐이고, 그 정신은 하느님의 말씀에서 나온 것이라는 전제를 인정하고 나서의 이야기다.

심미적, 윤리적, 종교적이라는 세 개의 단계에 관한 그의 분석은 놀라울 정도로 풍요하지만, 이 세 단계의 구별은 역사적으로 낭만주의에서 유래하고 있는 것으로서, 이 구별에 좇아서 인간의 본성이 나타나는 것은 아니라는 사실은 속일 수가 없다. 키르케고르에게는 신학적, 철학적인 의문의 여지가 허다하다는 사실은 일단 덮어 두고, 문제를 '외톨이(單獨者)'라는 개념에만 국한해 보기로 하자. 물론 이 개념은 그의 기초개념이다. 이 개념으로써 키르케고르는 자기 자신을 표현할 뿐만 아니라, 그의 시대와 그 역사에 대한 관계에 있어서의 자기 자신도 표현하려고 하였다.

오늘날 우리를 키르케고르로부터 멀리하게 만들고, 그의 분투를 평가하기 위한 비판적인 관점을 우리에게 부여해 주는 것, 그것은 바로, 자기는 외톨이로서 살아가면서도, 남에게 작용하려고 한 그 시대, 그가 스스로 '교정수단'이 되려는 각오를 지니고 대결한 시대, 그것이 이미 그대로 우리의 시대라고는 말할 수 없게 되었다는 그 사실이다.

키르케고르의 신앙으로의 비약

그러나 현대는 이미 100년 전과는 같지 않아졌다는 것은, 현대가 전혀 새로운 전혀 다른 시대라고 하는 의미는 아니고, 반대로 19세기의 경향이 크게 전개되고 실현되어, 인간적 실존관계라고 하는 퇴색된 '원전(原典)'을 다시금 해독(解毒)이 가능하게 하기 위해서는, 이미 그 시대에 대하여 키르케고르가 취한 교정수단 따위를 갖고서는 도저히 맞지를 않게 되었다고 하는 것을 의미한다. 장차 인간의 '평균화', 평판화(平板化)가 진행되어, 이윽고는 조직적이고 무차별적인 집단사업이 출현할 것이라는 그의 날카로운 예견은 그대로 확증되고 실현되었지만, 바로 그 까닭으로 인해서 그의 '외톨이'라는 기본 범주가 시대의 재화를 구할 수 있겠는가, 이 범주 역시 그가 공격한 집단화(集團化)와 평균화의 다른 한 측면에 불과한 것이 아닐까 하는 것이 이번에는 문제되게 되었다.

외톨이라는 개념에 밀착해 있는 '결단'이라는 개념에 관해서도 같은 말을 할 수 있다. 이 두 개의 개념을 합쳐 '결단하는 외톨이'라는 것이 그의 실존개념의 골자다. 마르크스와 꼭 같은 말로, 키르케고르는 그의 시대의 최고의 법칙으로서 현대는 무결단의 시대라고 단정하고, 모든 결정적인 구별을 평판화하려는 풍조에 대항하여 그러한 구별을 단호하게 강조해야만 한다고 하였다.

이 평균화의 구체적인 양식으로서 그가 분석하고 있는 것은 웅변과 침묵의 구별을 평균화하여 무책임한 잡담으로 만드는 것, 사적인 것과 공적인 것의 구별을 평균화하여 사적·공적인 공공성으로 만들어 버리는 것, 형식과 내용의 구별을 평균화하여 내용이 없는 무형식성으로 만들어 버리는 것, 의견을 숨기는 것과 의견을 정정당당히 발표하는 것의 구별을 평균화하여 대의제(代議制)로 만들어 버리는 것, 진정한 사랑과 감각적인 방탕과의 구별을 평균화하여 정열이 없는 정사(情事)로 만들어 버리는 것, 객관적인 지식과 주관적인 신념과의 구별을 평균화시켜 무책임한 궤변으로 만들어 버리는 것 등이다.

결단하라고 하는 키르케고르의 호소는 외톨이에 대한 호소와 마찬가지로, 그가 대결하려고 한 평균화의 범위 내에서 행해지고 있다 - 그런데 우리는 그 후 허다한 '가치 없는' 결단과 철저한 구별을 싫도록 경험하였지만, 그래도 역시, 진정한 의미에서는 무엇 하나 결단이 되지 않고, 옛날부터의 문제는 여전히 남아 있다는 또 다른 경험도 하였다. 결단이라는 것에는 분명히 그것에 적합한 때라는 것이 있고, 때와 더불어 결단의 정열은 상실되어 가는 것이다.

키르케고르는, 자기의 저술가로서의 모든 일과 영향의 성공 여부는, 자기가 외톨이라는 결정적인 개념을 올바르게, 즉 시세(時勢)의 방향에서 사용하였느냐 못하였느냐에 달려있다고 역설하고 있다. 그는 자기의 무덤에는 오로지 '저 외톨이'라고만 새겨주기를 원하였다. 1847년에 쓴 그의 문필활동의 의도와 의미에 관한 변명서에서 그는 다음과 같이 말하고 있다 - "외톨이라는 개념과 더불어 나는 나의 본명으로 책을 쓰기 시작하였다. 그리고 이것은 판에 박힌 듯한 문구처럼 되풀이 되었다. 그러므로 '외톨이'라는 표어는 후에 내가 만들어 낸 것이 아니라, 나의 출발점이 된 것이었다. '외톨이'라는 범주에는 나의 어떤 윤리적인 의미가 무조건 결부되어 있다. 이 범주는 옳았을까, 그리고 내가 이 범주로 주의를 쏠리게 하는 일을 (결코 유쾌하지도 않고, 또 고마운 일도 아니지만) 나의 사명으로 인정한 것은 옳았던 것일까? …지금 나는 여기에 서 있고, 나의 저서도 나와 함께 여기에 있다. …내가 이런 말을 하는 것은 나의 저술 속에서 무엇인가가 언급되었고, 진술되었고, 전개되었고, 죄다 발표되었다는 것, 또 나의 저서 속에서 - 아마도 공상이라든가 변증법이라든가 심리학적인 통찰을 동반하고 - 죄다 표현된 모든 것, 이 사실로써 곧 저자인 내가 시대를 잘 이해하고 있었다는 결론은 나오지 않기 때문이다."

키르케고르는 외톨이라는 범주를 이중의 의미로 사용하고 있다. 즉 외톨이는 **한 사람 한 사람의 인간**이지만, 또 **외톨이**로서의 한 사람 한 사람이기도 하다. 외톨이는 특수한 재능이나 업적 때문에 다른 사람들로부터 구별되고 다른 사람들보다 뛰어난 사람을 말하는 것이 아니라, 일반적인, 누구나가 되려고 하면 될 수 있는 하나의 가능성이다. 자기가 책임을 지는 모든 외톨이를 평판화하여 이름도 없는 집단사업으로 만들어 버리는 일반적인 풍조와의 관계에 있어서는, 이 가능성은 필요성이다. 어느 누구를 막론하고 세상에 태어나면서부터가 외톨이는 아니다. 그러나 자기를 외톨이화시켜, 자기 자신 외에는 반려자가 없이 하느님 앞에서 오로지 홀로 있는 그런 '좁은 길'을 걸을 용기가 있는 사람이라면 누구나가 외톨이가 될 수 있다. '시대와 역사와 인류'는, 인간이시고 그리스도시라는 것이 무엇을 의미하는가를 다시금 똑똑히 이해하기 위해서는, 이 좁은 길을 걸어가야만 한다는 생각이 키르케고르의 골수에 사무쳐 있었다 - 인간과 그리스도라는 이 두 개의 낱말은, 키르케고르에게는 같은 뜻이다.

외톨이의 반대개념은 **일반성**이다. 외톨이가 반대하는 것은, 일반에 널리 퍼진 그리스도교계의 일반성과 인류의 사회적 조직의 일반성에 대하여서지만, 또 그에 못지않게, 모든 것을 감싸는 철학 '체계'의 일반성에 대하여, 헤겔 이후로 유행하고 있듯이, 외톨이를 독자적인 무게가 없는 무의미한 특수자로 만들어 버리는 일반적인 '시대의 정신'이라든가 세계사라든가 하는 따위를 느닷없이 내세우는 일에 대해서이다. "계속적으로 세계사적인 것과 교섭하고 있노라면, 사람들은 오로지 중대사건만을 추구하고, 우발적인 것, 즉 세계사적인 결과에만 관심을 두고, 본질적인 것, 가장 내적인 것, 자유, 윤리적인 것을 소홀히 하게 되는 나쁜 버릇이 생기게 된다."

윤리적인 실존과의 관계에 있어서는 세계사적 '양적(量的) 변증법'은 한낱 장식물에 지나지 않는다. 헤겔의 추종자들은 실존한다는 것의 주체성으로는 만족하지 않고, 주제넘게 자기망각의 태도를 취하여, 각 시대에서 하나의 인륜적인 실체와 이념 같은 것을 간취한다. 마치 본래의 생존(生存)이란 형이상학적인 명상이고, 개(個)는 곧 세대(世代)라고나 생각하는 것 같다. 한 그루 한 그루의 나무는 보지 못하고 숲 전체만을 바라보고 있는 셈이다. "헤겔의 철학의 결함을 알고 있는 자일지라도 헤겔에게 매달려서 이것저것 시도해 보는 것은 역시 이 때문인지도 모른다. 사람들이 두려워하는 것은,

만일 외톨이로 실존하는 인간이 되어 버리면, 흔적도 없이 사라져 버려, 신문에도 나지 않고… 하물며 세계적인 도박사는 돌아봐 주지조차 않을 것이라는 점이다. …이것은 무리가 아니다. 윤리적 종교적인 감격을 지니지 못한 인간은, 자기가 외톨이인 인간이라는 사실에 대하여 반드시 절망할 것이다 - 그런 감격이 있다면 절망하지 않겠지만."

인간으로 하여금, 세계와 세계사라는 일반적인 것 위에서 있을 수 있는 지주를 잃게 하고, 개별화의 적극적인 가능성을 얻게 만드는, 구체적인 기분과 실존양식은, 키르케고르의 저술에서는, 아이러니와 권태라는 부정성(否定性)의 현상이다. 즉 시름[憂愁]과 불안, 그리고 절망이다. 키르케고르는 자기의 시름의 밑바닥에 있는 비밀은 불안이고, 그 불안의 밑창에 있는 의미는 절망이라는 죄의 불안이라고 자각하였다. 불안과 절망이라는 이 두 개가 아이러니와 권태의 밑바닥에 숨어 있는 의미인 것이다. 그리고 이 권태와 아이러니는 이미 있는 것, 일반적으로 통용하고 있는 것을 초월하고 있다는 점에서, 벌써 '실체적 부정성'이다.

이런 실존현상에 관한 키르케고르의 투철한 분석은 그 어느 것을 막론하고, 다음과 같은 세 가지의 기능을 갖고 있다.

첫째, 인간을 자기 자신과 자기의 벌거숭이가 된 생존 위에 세워 놓는다.

둘째, 이것을 통하여 인간을 무(無) 앞에 세우고 공허 속에 거치(据置)한다.

셋째, 이런 방법으로 아무튼 세운다. 즉 절망하든지 아니면 신앙으로의 비약을 감행하든지 해야 하는 '이것이냐 저것이냐'의 결단에 직면하게 한다.

키르케고르의 최초의 저서에는 『이것이냐 / 저것이냐』라는 제목이 붙어 있다. 헤겔의 매개적 사유와는 대조적이다. 절망이 신앙으로 비약함에 있어서, 외톨이로서의 인간은, 무(권태, 불안, 절망) 앞에서가 아니라, '하느님 앞에', 무에서 유를 낳으시는 창조주로서의 하느님 앞에 서게 된다. 하느님 앞에 있어서만, 인간의 개별화된 실존은 긍정적으로 소멸할 수가 있다.

실존하는 외톨이라는 이 개념은, 키르케고르가 19세기 중엽에 경험하고 파악한 시대의 일반적 상황에 대하여, 분명한 관련을 갖고 있다. 외톨이가 자기 자신에게, 자기존재의 내면성에 철저하게 칩거한다는 생각은, 일반적, 사회적, 정치적인 세계의 여러 관계가 붕괴한다는 것을 동기로 삼아서 나온 것이다. 처음에 인용한 외톨이에 관한 문구에서 키르케고르는, 그가 외톨이라는 개념을 범주로 삼은 것은, '그의 시대'와

'시대 안의 자기'를 이해하고, "오로지 한 마디로 절대적이고 결정적으로…. 이를테면 **현대는 해소(解消)의 시대**라는 것을 알았기 때문이다"라고 언명하고 있다. 또 바로 거기에서 다음과 같은 말도 하고 있다 - "무슨 일을 하고자 하는 자는 자기의 시대를 잘 알아야만 한다. 그리고 현대의 상황을 볼 수 있는 눈을 가진 진지한 인간이라면 누구나, 철학적으로(헤겔) 또 사회적으로(마르크스) 보편적 세계정신을 운위하거나, 사회에 관한 공상적인 이론을 내세움으로써 외톨이를 도덕적인 무관심으로 이끌어가려는 극단적인 혼란에 직면하여, 단단히 결심하고 두려움 없이 대항한다는 것이 얼마나 중요한 일인가를 곧 알 것이다"라고.

키르케고르의 일기의 일절에는 "전 유럽이 비도덕화라는 사업에 종사하고 있다. 그러나 코펜하겐에는 그 형세가, 나의 관찰과 계량으로써도 완전히 극복할 수 없을 정도로 미약하다"라고 기록되어 있다. 키르케고르는 덴마크라는 작은 나라에 있으면서도 '완전한 표본'을 마음대로 관찰하고, 그 표본을 사용하여 유럽의 병을 진단할 수가 있었다. 그가 말하는 외톨이는, 당시의 세계의 일반적인 것으로부터 빠져나와 단독화한다는 결과의 산물이다. 이로써 키르케고르는 결국 양심적으로 결단하는 낭만적 주체성에 대한 헤겔의 비판이 옳다는 것을 마지못해 몸소 확증하게 되었고, 또 타자(他者)라든가 일반자(一般者)라는 것에는 사람들이 긍정적으로 참여할 수 있는 실체적인 내실이 결집되어 있기 때문에, 사람들은 우선 이런 타자라든가 일반자 앞에서는 스스로 만족할 수가 없을 뿐만 아니라 안심할 수가 없다고 생각될 때, 그때 비로소 결단적 주체는 결정적인 의미를 지니게 된다고 하는 헤겔의 통찰을 확증한 셈도 된다. 그러니만큼 다름 아닌 이 외톨이와 그의 결단은 하나의 일반적인 의미를 갖지 않을 수 없다.

시대가 요구하는 것, 즉 사회적·정치적인 개혁은, 키르케고르의 신념에 의하면, 시대에 필요한 것, 즉 가장 본래적인 실존적 내면성으로의 철저한 단독화라는 것과는 전혀 반대되는 것이다. 외톨이로 존재한다는 것이 결단과 실존성의 조건이지만, 이것은 평탄하게 닦아진 세계의 공공의 일반성에 대하여, 비록 부정에 의하여 덮여 있기는 하지만, 정확한 연관성을 가지고 있다. 키르케고르는 이 세계의 해소(解消)와 파산에서 종교적 이득을 이끌어 내려고 하였다. 이미 시작된 공적 생활의 온갖 구속력의 해소가 그 궁극에까지 추진되어, 이 세상의 모든 관계와의 구속을 벗어난 터전 위에서, 무와 하느님 앞에서의, 인간의 자기 자신 안에서의, 자기 자신과의 밀착이 가능해진다고 하는 것은, 실로 외톨이를 부각시켜 강조하는 작용인 것이다. 그러나 그러는 한에 있어서도, 그 시대에 대한 단독화된 키르케고르의 입장은, 사실은 결코 특수한 예가 아니고, 하나의 전형적인 예(例)인 것이다.

키르케고르와 같은 시대에, 슈티르너와 바우엘은 종교적인 의도 없이 키르케고르와 흡사한 결론을 이끌어 냈다. 키르케고르의 '외톨이'의 원리, 슈티르너의 '유일자(唯一者)'의 원리, 바우엘의 '자기의식'의 원리, 이런 것들 속에는 사회적 정치적인 세계가 단순한 '집합' 내지는 '집단'으로서 부정적으로 반영되어 있다.

역사적으로 보면 키르케고르는 마르크스의 적수(敵手)다. 마르크스에게는 인간이란 결코 외톨이가 아니라, '사회적인 존재'이고, 현대의 외톨이란 일정한 국가 형식과 거기에 속하는 사회, 즉 시민사회의 사인(私人)에 불과하다. 이 시민사회의 특징을 헤겔은 마르크스 이전에 이미 '철저한 개인주의의 원리'로서 파악하였다. 개인적인 사인(私人)은, 헤겔에게나 마르크스에게나 결코 근원적이고 독립적인 실존의 양식이 아니라, 하나의 결여다. 즉, 시민사회와 개인을 추상하고 도외시하는 '추상적인' 국가 안에서 단독화된 외톨이인 것이다.

키르케고르 자신은 일반적인 공공성에 대한 이 사적(私的) 결여적 관계를 마음과 같은 적절한 비유로 파악하고 있다. "즉, 나는 물론 시대의 다른 모든 승객과 더불어 같은 배에 타고 있지만, 그러나 나는 '나만을 위한 선실'을 갖고 있다" 라고 - 그렇기는 하지만, 최근 우리는, 격동하는 역사의 흐름 속에는 밀폐할 수 있는 선실 따위는 존재하지 않는다는 사실, 그리고 시간성과 역사성 이외에는 아무것도 존재하지 않는 이상, 시대라는 것은 전혀 극복하기 어려운 길이라는 사실, 이 사실을 알았다.

그렇다고 해서 키르케고르가 외톨이의 **반(反)역사적, 반정치적인** 의미에 머물러 있었던 것은 아니다. 그에게 긴요하였던 것은, 시종일관 신앙에 있어서 결단하고 있는 실존을 위한 역사적 그리스도교의 영원한 진리였기 때문이다. 그러나 세계의 전개가 현재 상태와 같은 처지에까지 와버리고 만 이상, 그리스도교의 존망 역시 외톨이에게 달려 있다고 키르케고르는 생각한다.

그는, 외톨이라는 범주가 비로소 결정적으로 사용된 것은 비그리스도교적인 폴리스가 해소된 즈음에 소크라테스에 의하여서였다고 생각한다. 그리고 그리스도교계에 있어서 이 범주는 두 번째로 사용되지만, 소크라테스의 경우와는 반대로, 널리 포교되어 세계사적인 것으로 되어 있는 그리스도교계, 즉 세속화된 그리스도교라는 폴리스를, 외톨이의 도움을 빌려 붕괴시켜 해소시킴으로써, 이른바 그리스도교도들을 다시금 그리스도의 제자로 만드는 데 도움이 될 것이라고 말한다.

평균화로 진행되어 가는 현대 세계의 전개는, 외톨이를 절대적으로 부각하여 강조하는 방향으로 향하고 있다고 키르케고르는 확신한다. 그리고 이 외톨이, '이것이야말로' 그리스도교의 원리다! 평균화로 달리고 있는 세계의 전개와, 하느님 앞에 외톨이로서 실존하라는 그리스도교의 요구, 이 둘은 키르케고르에게는 말하자면 안성맞춤격인 우연의 덕분으로 일치하고 있다.

"(지금 일어나고 있는) **모든 것은 나의 이론에 꼭 들어맞는다**(즉, 나의 외톨이의 이론에). 그러므로 **다름 아닌 이 내가** (이 예외자가) 현대를(그 일반적인 성격에 있어서) **얼마나 잘 이해하고 있는가를** 잘 알아야 한다." 키르케고르는 외톨이의 그리스도교적인 모범으로서 진리를 위하여 '민중'에게 타살된 순교자들을 들고 있다. "그리스도교의 존망의 관건은 종교단체에 있는 것도 아니고, 또 하물며 공인된 교회에 있는 것도 아니다. 하느님이 다시금 인간의 주(主)가 될 때가 오게

하려면, 각자가 자기 홀로 그리스도교적인 단독화라는 좁은 길을 통과해야만 한다. 이런 관점에서 보아, 유럽의 파국의 현단계는 아직 초입에 불과하고, 또 그것은 '당좌장부(當座帳簿)'에 속하는 것이지, '원장부(元帳簿)'에 속하는 것이 아니다. 왜냐하면, 유럽 도처에서 사람들은 빠른 속도로 여러 가지 세속적인 문제 속으로 빠져 들어가 길을 잃고 있지만, 그런 문제는 정치적으로나 사회적으로는 해답을 얻을 수가 없고, 오로지 종교적으로만 해답을 얻을 수 있으며, 또 그리스도교는 이미 오래전부터 이 문제에 해답을 주어 왔기 때문이다." 키르케고르는 이렇게 말하고 있다.

그러나 비록 그리스도교적인 의미에서의 단독화일 망정, 일반적인 정치적 의미나 교회 정치적 의미마저도 지니지 못하는 단독화라는 것을 원리로 삼는다는 것이 얼마나 곤란한가는, 키르케고르의 경우에 있어서, 그가 자신의 그리스도교적으로 단독화된 입장에서 정치적인 귀결을 이끌어 내지 않을 수 없게 되었다는 점으로 보아서도 분명하다.

그리고 '외톨이'의 이 정치적인 귀결 속에 그것의 전제가 다시금 떠오른다. 즉 키르케고르가 결국 교회 정치 속으로 뛰어 들어갔다는 사실은, 외톨이라는 그의 해결이 처음부터 이미 정치에서 나왔다는 사실의 결과에 불과하다. 이 경우에 있어서 정치적인 것이라는 것은 교회라고 하는 종교 공동체와 사회혁명이었다. 키르케고르가 그의 단독화에서 이끌어낸 결론은, 덴마크의 국가 교회에 대한 공격과 사회운동에 대한 비판이었다. 왜냐하면 사회주의와 공동체라는 이념이 시대의 구원이 되리라는 따위의 생각은, 키르케고르에 의하면 말도 안되는 생각이었기 때문이다. "연대(連帶)의 원리(고작해야 물질적인 이해관계에서나 타당성을 지닐 뿐이지만)는 현대에 있어서는 긍정적인 것이 아니고 부정적인 것이다. 그것은 핑계고… 속임수로서, 그것의 변증법은, 그것이 개인을 강하게 만들 때, 동시에 그것은 개인을 악화시킨다는 것, 그것은 뭉침에 있어서 수량적인 것을 통하여 개인을 강화하지만, 그것은 윤리적으로는 하나의 약체화(弱體化)라는 것이다."

사회주의의 커다란 실수는, 차이성(差異性)을 본질로 하는 세속성을 매개로 삼고 있으면서도 평등성의 문제를 풀 수 있다고 생각한 점에 있다고 키르케고르는 말한다. 그가 정치적으로 요구한 것은 다시 무조건적인 권위에 의하여 통치를 받는 것이었다. 제4계급의 해방 이후에는 이미 통치를 받는다는 것은 전혀 있을 수 없게 되기 때문이다. 혁명이 일어나기 직전인 1847년에 그는 다음과 같이 기술하고 있다 - "이제

와서는 이미, 정치적인 의미에서 필요한 것이라고는 통치라는 한 마디뿐이라는 것이 분명해졌다. …그 죄는 모두가 자기들이 민중의 이름으로 통치해야만 한다고 생각하고, 어중간한 공부밖에 하지 않은 주제에, 신문의 찬사 때문에 윤리적으로 무력해진 부르주아지(Bourgeoisie)에게 있다. 그러나 역사상 이렇게 빨리 복수의 여신이 찾아온 일은 없었을 것이다. 즉 부르주아지가 결심하고 권력을 장악하려고 하자마자, 때를 같이하여 제4계급이 고개를 들었던 것이다. 그러니 반드시 제4계급에게 죄가 있다고 하겠지만, 그것은 잘못이다. 제4계급은 모진 욕을 먹고 있지만, 실은 무고한 희생자에 불과하다. 제4계급의 대두는 긴급방위라고 하지만, 이것도 어떤 의미에서는 옳다. 즉 부르주아지가 국가를 뒤집어엎었으니만큼, 그것은 긴급방위이다."

이 글을 읽고, 같은 시기에 마르크스가 프롤레타리아의 독재를 요구한 것과, 도노소 코르테스가 성직자 독재를 요구하고, 후에 칼 슈미트가 국가 사회주의적 독재를 결의주의적(決意主義的)으로 정당화한 사실을 상기하지 않는 사람이 있을까?

키르케고르는 권위 있는 통치에 편들었지만, 정치에는 다만 조건부로 관계하였을 뿐이고, 정치적 신학에는 전혀 관계가 없었다. 키르케고르에 의하면, 세계의 진정한 통치는 결코 세속의 권위에 의해서는 이루어질 수 없고, 진리를 위하여 타살됨으로써 승리를 거둔 순교자를 통하여 하느님께서 행하신다. 순교자로서의 권위를 부여받고 싶다는 것이 키르케고르의 강한 소망이었지만, 그는 이 희망을, 나는 '권위 없이' 말한다고 단언함으로써 간접적으로 표명하였고, 또 만년에는 직접적으로 표명하였다.

그러나 그는 '천재'였으므로 '사도'처럼 진리를 위하여 피살될 수는 없었고, 또 그는 낭만적인 천재였으므로, 시인적 실존과 종교적 실존 사이의 경계선에 서 있었고, 따라서 절대자를 부정성의 형식으로만 지니고 있었다. 공통된 세계나 공통된 교회도, 그에게는 연관을 가질 수 없는 것이었다. 단독화된 외톨이로서의 그는 무(無) 위에서 자기를 지탱하고 있었다. 그리고 이 무가 그의 '종교운동'의 출발점이 되고, 그 운동은 결국 교회에 대한 눈부신 공격이 되어 종막을 고했다. 이것이 외톨이와 결단이라는 개념에 걸려 있는 키르케고르의 실존개념의 세속적인 윤곽이다.

그러나 외톨이와 시대의 일반자(一般者)와의 관계가 말하여지는 경우에는, 도대체 어떤 '세계'의 개념이 전제되고 있는 것일까? 외톨이가 대항하는 일반자는 도대체 어느 정도가

지 만인에게 공통된 세계라는 일반자인 것일까? 우리들이 살고 있는 이 세계는 오로지 일반적으로 세계-사라고 불리며 항상 정치적인 일정한 시대의 공적인 세계, 공통된 세계만을 말하는 것일까? 아니면 그것과는 전혀 별개의, 자연적 물리학적인 세계가 있어서, 그것이 모든 세계사와 인간사(人間史)보다 선행하고 있는 것일까?

키르케고르는 이 자연적인 세계에 관해서는 극히 드물게밖에는 언급하지 않고, 또 가끔 언급하고 있어도, 자연적인 세계는 마치 사람이 없는 나라이기나 한 듯이 언급하고 있다. 결국 외톨이와 일반자의 관계라는 것은 결코 외톨이와 그와 동시대의 더불어 있는 세계, 에워싸고 있는 세계와의 관계가 아니라, 그것은 외톨이와 세계 일반과의 원리적인 엇갈림이고, 이것이 또 외톨이와 역사적 세계와의 특수한 엇갈림을 설명해 주고 있다. 단독화가 단독화로서 경험되는 것은, 그 경험에 앞서 스스로 존재하는 자연적인 세계 속에서 '인간'이라는 사실은 절대로 우연적이라는 것이 경험되기 때문이다.

진정한 그리스도교의 회복을 역설하는 『반복(反復)』이라는 저서에서 키르케고르는 그의 '침묵의 공모자'에게 다음과 같은 말을 하게 하고 있다 - "사람들은 손가락을 흙 속에

쑤셔 넣고, 자신이 어떤 땅에 존재하는가를 냄새 맡으려고 한다. 나는 손가락을 생존 속에 꽂는다 - 그러나 아무런 냄새도 풍겨나지 않는다. 나는 어디에 있는가? 세계라는 말은 무엇을 말하려는 것일까? …누가 나를 이 전체 속에 꼬여들이고, 거기에 지금 나를 세워두고 있는 것일까? 나는 누구일까? 어떻게 해서 나는 세계 속에 온 것일까? 왜 나는 나의 의향도 타진 받지 못하였을까? 왜 그곳의 풍습이라든가 관계에 관하여 사전에 아무런 설명도 받지 못하고, 인신매매인(人身賣買人)에게 팔려 버린 듯이, 대열에 뒤섞여, 여기에 놓여 있는 것일까? 어째서 나는 현실이라는 큰 기업(企業)의 이해관계자가 된 것일까? 왜 나는 도대체 그 이해관계자이어야만 하는 것일까? 그것은 내가 자유로이 처리할 수 있는 일이 아닐까?' 이 도발적인 일련의 물음은, **'나는 누구일까?'** 라는 물음은, **'나는 어디에 있는 것일까?'** 즉, 전 세계 속의 **어디**라는 관계에 있어서만 대답할 수 있다는 사실을 말해주고 있다. 그리고 이 세계, 인간에게는 하나의 큰 기업과도 같이 전혀 인연이 없고, 단독화된 우연으로서의 인간이 그것의 법칙을 알지 못하는 이 세계란 과연 어떤 것일까?

그리스적인 코스모스 속에서는 그래도 인간은 일정한 장소를 갖고 있었지만, 키르케고르가 말하는 세계는, 그리스적인 코스모스도 아니고, 성서적인 의미에서의 창조물도 아니다. 자연적인 세계의 만유(萬有)란, 키르케고르에게는 이미 아우구스티누스나 토머스의 경우와 마찬가지로, 신이 인간과의 계약을 목적하고 만드신 놀라운 창조물도 아니고, 또 파스칼에게 있어서처럼 누가 만들었다고 딱히 꼬집어 말할 수는 없지만, 아무튼 압도적인 우주라는 거대한 것, 공간적 시간적인 그 무한한 넓이는, 지금 여기에 있는 이 인간과도 공통된 척도를 전혀 가지고 있지 않을 정도로 커다란 것, 그런 것도 아니다. 키르케고르에 있어서는 그것은 눈으로 보아서 헤아리기에 힘든 '기업(企業)'이라고밖에는 달리 말할 수 없는 것이고, 인간이 왜 그것에 참여하지 않으면 안 되는가를 인간은 모른다.

 이 현대적인 의식, 즉 우리들의 생존은 우연히 우리들 위에 떨어진 것으로서, 그것은 자연적인 세계라는 존재 한 가운데서 절대적이고 우연적이라는 의식을 염두에 두지 않고서, 지금까지 3세기 동안에 더욱 철저하게, 인간이 자연을 잃은 '실존'으로서 파악되고, 그것의 '본질'로서는 단지, 자신과는 전혀 인연이 없어진 자연적 세계 속에 내던져져서 - 영문도 모르는 동안에 - 아무튼 거기에 있고, 또 있어야만 한다는 **사실밖**에 남지 않은, 이런 상태가 도대체 어떻게 벌어졌는지를 이해할 수가 없다.

결국 현대의 실존개념은 우연성의 경험을 그 특징으로 지니고 있지만, 그것은 결코 일정한 역사적 정치적 세계의 붕괴에서 유래하는 것이 아니라, 16~17세기의 천문학적인 발견 때문에 아리스토텔레스적인 코스모스와 중세적 세계상(世界像)이 붕괴한 사실에서 유래하고 있는 것이다. 현대의 실존개념이 소극적으로 현대의 자연과학의 자연개념에 의지하고 있다는 사실은, 키르케고르의 경우에 있어서는, 그가 각기 한 사람 한 사람의 독자적인 실존에 대한 관심을 규정하기 위하여, 이것을 자연적 세계의 법칙으로의 가능한 한의 관심과는 분명히 대립시켜서 말하고 있는 것으로 보아서도 잘 알 수 있다.

키르케고르는 다음과 같이 말하고 있다 - "하느님 앞에서 외톨이로서 실존한다는 것이 어떤 것인가를 파악하고자 하는 신중한 사람들은 자연이나 자연과학에다 관심을 둘 리가 없다. 달이 녹색 치즈로 되어 있느니, 혹은 다른 재료로 되어 있느냐 하는 따위는, 인간적 윤리적 종교적 결단에는 아무런 상관도 없기 때문이다."

이에 대하여서는 다음과 같이 반박할 수 있을 것이다 - 그야 지구가 평평하고 세계의 중심이냐, 아니면 지구는 천문학적인 척도로 미루어 보면 보잘것없이 적은, 태양의 주위를 돌고 있는 구체(球體)냐 하는 따위는, 자유로운 선택에 의한 우리의 결단에는 전혀 상관이 없는 것인지도 모른다. 그러나 **우리의 모든 결단, 예컨대 그리스도교에 편드느냐 대적하느냐 하는 결단 따위가, 자연적으로 있는 세계의 전체 속에서 도대체 무엇이고 무엇을 의미하느냐?** 결국 결단할 수 있는 인간일지라도, 역시 거기에 있는 것만으로서도 이미 자연의 창조물이기 때문에, 또 그러한 것으로서 자기 자신에게도 하나의 수수께끼이기 때문에 인간인 것이다.

그러나 인간이 자연의 창조물이 아니고 신의 의지의 초자연적인 창조물이라고 해도, 인간은 이미 처음부터, 이 세계의 창조질서와 뜻 깊게 연관되어 있음에 틀림이 없다. 키르케고르가, 인간은 하느님의 섭리의 창조물이라는 신앙을 지니고 있었음은 물론이지만, 하늘과 땅과 땅 위의 일체의 생물이라는 자연적인 창조물이 그에게는 무의미하게 보였다. 그에게 중요하고 그의 관심을 끈 것은, 오로지 역사적으로 그와 더불어 있고, 그를 에워싸고 있는 세계이고, 그 중에서도 그리스도교의 신앙에 찬부를 결단하는 개개의 실존의 가능성뿐이었다. 키르케고르가 특히 열심히 생각한 것은, 자기 자신만을 의지하는 단독화된 실존의 일회(一回)만의 전체였지, 스스로 언제나 이미 있는 세계 전체에 대한 실존의 관계가 아니었다.

키르케고르의 사유 속에는 자연적 세계가 전혀 언급되지 않았으므로, 그 빈자리에는 초세계적인 신이 자리를 잡는다. 즉 이 신의 영원성 앞에 유한한 인간이 선다. 신과 인간은 서로 매개물이 없이 마주 선다. 인간은 신의 모습을 본딴 모습이고, 세계는 한낱 단순한 세속성이다.[1]

그 시대에 대한 키르케고르의 비판의 적극적인 배경을 이룩하고 있는 것은, 시대의 온갖 일시적인 사회적 정치적 실험에는 어떤 '무조건적으로 고정된 것'이 결핍되어 있고, 시대의 흐름 속에 있으면서 신의 영원성 앞에 설 수 있기 위해 필요한 '무게'를 인간의 실존에 부여함으로써만, 사람은 시대의 혼란에 대처할 수가 있다는 그의 통찰이다.

"인류와 그 속에 끼인 개개의 외톨이에게 조건에 맞춰 서도록 해보라. 그러면 소용돌이가 생기고, 그 외에는 아무것도 없을 것이다. 처음 얼마 동안은 소용돌이가 아닌 듯이, 모든 것이 고정되어 있는 듯이 보인다. 그러나 그것은 근본에 있어서 소용돌이이고, 또 언제까지나 소용돌이일 뿐이다. 최대의 사건이라든가 진지한 생활 같은 것도 역시 하나의 소용돌이이고, 실의 끝머리에 매듭을 맺을 것을 믿고 바느질을 하는 것과도 흡사하다 - 무조건적인 것이 뚜렷이 놓여지고, 외톨이가, 비록 아직은 거리가 멀다고 하더라도, 하여간 그 무조건적인 것에 대하여 하나의 관계를 갖게 됨으로써 끝이 고정되기까지는, 언제까지나 이 소용돌이는 그치지 않는다."

이와 마찬가지 의미에서 '외톨이'의 개념에 대한 부기(附記) 첫머리에 "이즈음은 모든 것이 정치다"라고도 쓰여 있다. 즉, 모든 것이 세계사적 조직을 위한 세속적인 배려라는 의미지만, 결국 키르케고르는, 시대가 필요로 하고 있는 것은 결코 새로운, 시대에 어울리는 실험이 아니라, 오로지 영원성뿐이고, 언제나 무조건적으로 고정되어 있는 것이라고 결론짓고 있다.

"한 마디만 더 말하게 하라. 시대가 요구하고 있는 것 - 암, 어느 누가 그것을 일일이 열거할 수 있을 것인가? 이제 속(俗)세계성은 자신이 자기에게 불을 질러 화재를 일으키고 있다. 그러나 가장 깊은 근거에 있어서 시대에게 **긴요한 것**, 그것은 한마디로 완전히 표현할 수 있다. 즉, 시대는 영원성을 필요로 하고 있다. 현대의 불행은, 현대가 단순한 '시대'로 화해 버리고, 시간성이 되어 버리고, 조급해져서, 영원성에 관해서는 귀를 기울이려고 하지 않고, 결국 - 일부러 꾸민 듯한 원숭이 흉내로서, 영원한 것을 전혀 쓸데없는 것으로 만들어 버리려고 하지만, 그런 것을 해봤자 영구히 행복할 수가 없다는 점에 있다. 왜냐하면 사람들이 영원한 것이 없이도 지낼 수 있다고 생각하면 생각할수록, 혹은 사람들이 완고하게 영원한 것 따위는 없어도 괜찮다고 말하면 말할수록, 사람들은 더욱더 근본적으로는 그 영원한 것을 필요로 하기 때문이다."

신의 영원성을 응시하고, 닥쳐올 혁명을 예견하며, 키르케고르는 1846년에, 이번에는, 종교개혁 때와는 반대로 **정치**운동이 **종교**운동으로 격변할 것이라고 예언할 수 있으리라 생각하였다. 왜냐하면 키르케고르에 의하면, 전 유럽은, 속세계(俗世界)를 매개로 하여서는 결코 해답을 얻을 수 없고, 영원성 앞에서만 해답을 얻을 수 있을 그런 여러 문제에 더욱더 격정적인 가속도로 빠져 들어가 길을 잃고 있으며, 또 비록 이것이 결국은 단순한 경련적인 것으로 끝나기까지 얼마나 오랜 세월이 걸릴지는 아무도 모르지만, 인류가 수난과 과다 출혈로 기진맥진해질 때에는, 영원성이 다시금 문제가 되리라는 것은 확실한 사실이기 때문이다.

"영원성을 다시 획득하기 위해서는 피를 흘려야 한다. 그러나 다른 종류의 피가 필요하다. 몇 천 명으로 헤아릴 수 있는 맞아 죽은 희생자의 피가 아니다. 그런 것이 아니라, 외톨이의 고귀한 피가 흘려져야 한다. 순교자들의, 이 강력한 사자(死者)들의 피다. 이 사자들은 인간에게 수없이 많은 살생을 감행시키는 생존자는 도저히 불가능한 일을 성취할 수가 있다. 이 강력한 사자들 자신도, 실은 그들이 생존하고 있을 때는 그러한 재능이 없었다. 사자로서만 그들은 그것을 성취할 수가 있다. 미쳐서 날뛰는 민중들을 억지로라도 순종하게 할 수가 있다. 그것은 바로 순교자들이, 순종적이 아닌 미쳐 날뛰는 민중에게 자신들을 때려 죽이도록 허용하였기 때문이다."

이 결정적인 '격변'의 순간에는 순교자들만이 세계를 통치할 수가 있다. 천편일률적인 세속적 지도자들은 도저히 통치할 수가 없다. 그때 필요한 것은 성직자지, 병사도 아니고 외교관도 아니다 - "'민중'을 떼어놓고 한 사람 한 사람을 외톨이로 만들 수 있는 성직자, 연구하는 일에도 그다지 큰 기대를 걸지 않고, 지배하는 일 따위를 희망하지 않는 그런 성직자, 가능하면 사람들을 억지로라도 끌어들일 수 있을 만큼 말을 잘함과 동시에, 침묵하고 참고 복종하고 있을 때도 역시 사람들을 꼼짝 못하게 할 수 있는 힘을 가진 그런 성직자, 되도록이면 동정심이 많고, 판단이나 판정에는 자중(自重)하지만 학식이 없지도 않은 그런 성직자, 희생을 바치는 기술의 도움을 받아 권위를 사용할 줄 아는 그런 성직자, 복종하고 고통을 받으며, 민중을 온유하게 하고, 민중에게 경고하고, 신앙심을 일으키게 하고 감동시키고, 또 - 힘으로써가 아니라 자기 자신의 복종으로써 결국은 사람들에게 강요하는 그런 방법으로 - 사람들에게 강제를 강요할 수 있고, 특히 환자 떼거지를 용케 참아가면서도 자기 자신은 잃지 않는, 이런 마음가짐을 갖고, 그렇게 교육을 받고, 또 수양을 쌓은 그런 성직자, 이런 성직자가 필요하다. …왜냐하면 인류는 병에 걸려 있고, 정신적으로는 죽음에 이르는 병에 걸려 있기 때문이다."

키르케고르는 헤겔의 세계사적인 사유를 논란하였음에도 불구하고, 시대의 힘은 그 키르케고르마저도 역시 위에서 기술한 바와 같은 하나의 세계사적인 명상으로 이끌어 갔다. 이윽고 키르케고르는, 파국이 절정에 다다르면, 그리스도교의 거짓 전도자가 나타나, 경관의 제복을 입은 도둑처럼 마귀에게 사로잡힌 모습을 지니고 있으면서도 뻔뻔스럽게 사도라고 자칭하는 그런 신종교(新宗敎)의 교조들이 나타날 위험이 반드시 생기리라는 예언까지 하게 되었다. 거짓 전도자와 신종교의 교조들은 여러 가지 약속을 하기 때문에, 그 시대의 사람들로부터 엉뚱한 지시를 받을 것이지만, 결국은 시대가 무조건적인 것을 필요로 하고, 어떠한 시대에도 꼭 같이 통용될 하나의 진리가 필요하다는 것이 분명해질 것이라고 키르케고르는 말한다.

진리를 위하여 피살되는 증인으로 말미암아 그리스도교가 부활할 것이라는 전망을 지닌 키르케고르는, 마르크스의 프롤레타리아적 세계혁명의 선전과 때를 같이하고 있기는 하지만, 그 입장은 전혀 정반대이다. 그러나 키르케고르는 공산주의가 지닌 전정한 강점 역시, 사실은 그 속에 포함되어 있는 그리스도교적인 종교성의 '성분'이라고 생각하였다.

신앙이 돈독한 실존자에게만 있을 뿐인 신의 영원한 진리에 비추어 키르케고르는 자신과 그리스도의 계시 사이에 가로놓여 있는 1,800년이라는 세월을, '마치 그것이 전혀 존재하지 않았던 듯이' '지워 버리려고' 하였고, '반복'이라는 개념 속에서, 세계사적인 것이 된 그리스도교의 타락의 역사를 되찾아서, 그리스도의 복음의 고지(吿知)를 경건하게 받아들이는 근원적인 모습으로 만들었다. 이 근원적인 모습은, 한 사람 한 사람이 각기 고지를 받아들여서, 자기의 것으로 만드는 것이니만큼, 그것은 결코 과거의 역사적인 사실이 아니라, 언제나 존재하고 있는 실존적 가능성으로서, 끊임없이 변전(變轉)하는 역사적 상황에 구속을 받지 않고 있다.

반복이란 외적 세계를 통해 타락한 자기를 되찾는 것이므로, 자기회상이고, 동시에 그것은 내면화(內面化)다. 그러나 이 반복의 역설성(逆說性)은, 플라톤의 상기설과는 달라서 뒤를 향하여 회상하는 것이 아니라, '앞을 향하여' 회상한다는 점에 있는 것이다. 이것은 이 세상에 떨어진 인간으로 하여금 신의 은총과 스스로의 회심(回心)으로써 다시금 자기 자신을 되찾게 하는 그리스도교의 부활개념의 한 해석이다. 이 반복을 통하여 키르케고르의 침묵의 공모자는, 도대체 자기가 무엇 때문에 여기에, 즉 세계에 있는가를 따지고 싶어하던 '지배인'을 알게 된다.

영원성의 문제를 빼놓고는 시간성의 문제에 대한 해답을 찾을 수가 없는 것이지만, 철학의 범위 내에서 키르케고르 **이후에** 이 영원성의 문제를 제기한 사람은 니체뿐이다. 니체의 '동일물(同一物)의 영겁회귀설(永劫回歸設)'의 필연적인 귀결은, 니체에게는 신은 죽었으므로 따라서 언제나 존재하는 것은 자기 자신 속에서 회전하는 세계라는 것이다. 그러나 초세계적인 신이 없어지고 난 뒤에, 그 빈자리를 이번에는 자연적 세계가 차지하게 된다면, 그럼으로써 동시에, 세계에 대한 인간의 위치도 달라진다. 그리고 존재자 전체 속에서의 인간의 생존의 우연성은, 물론 천지는 인간 **이전에**도 있었지만, 그래도 역시 천지는 오로지 인간을 위하여 만들어져서 거기에 존재하고 있다고 말하는 그리스도교의 창조설화에 있어서와는 전혀 다른 양식으로 문제가 된다.

인간이 신의 창조물이냐, 아니면 물리적인 세계 전체 속에 있는 자연적인 우연이냐 하는, 이 둘 중의 어느 쪽이 옳으냐 하는 것은 간단히 결정할 수가 없다. 여기서 대립하고 있는 것은, 결코 임의의 대립명제(對立命題)도 아니려니와, 또 적어도 서로 상반되는 두 개의 '초안(草案)'도 아니고, 한쪽은 신앙이고, 또 다른 한쪽은 탐구적 지식이다. 신앙의 **인식**을 운위하거나 모든 지식의 **논증 불가능**한 전제를 지적한다고 해서, 신앙과 지식의 차이를 감소시킬 수는 없다. 그러나 그렇다고 해서, 맹목적으로 신앙에 편들기로 결심하거나, 혹은 탐구적 지식에 편들기로 결심하면, 결국 양자의 입장을 박탈해 버리게 된다. 어느 한 쪽에 편들기로 결심할 수 있기 위해서는, 무엇보다도 먼저, 한편으로는 신앙이 무엇인지, 또 다른 한편으로는 지식이 무엇인지를 알아야만 한다.

키르케고르는 - 헤겔이 신앙을 이성적으로 이해하는 지식 속에서 지양한 데 반하여 - 신앙을 신앙으로의 '비약'이라고 이해하였고, 이 비약을 각오하고 있는 결단의 정열에 절망이라는 터전을 부여하였다 - 이것이 키르케고르의 공적인지 어떤지는 의심스럽다. 키르케고르는, 그리스도교라는 것은 예전부터 신앙으로의 이 절망적 비약 바로 그것이라는 야릇한 생각을 지니고 있었다.

마찬가지로 실존하는 외톨이와 자연적인 세계와의 관계, 즉 외톨이와, 그가 무엇 때문에 또 왜인지도 모르는 채, 마지못해 참여하고 있는 이 '대기업'과의 관계 역시 비약적이다. 그러나 이 경우에 있어서는, 신앙은 어디까지나 그리스도교적인 신앙으로서, 단순히 무엇을 믿는다는 식의 좁은 범위 내에서의 신앙이 아니므로, 분명한 것을, 즉 영원한 진리의 계시가 역사의 일정한 때에 이루어졌다는 것을 믿는 것이기 때문에, 결정적 '순간'에 있어서 신의 영원성이, 영원성이면서도 시간 속에서 스스로를 계시하였다는 역설이 나타난다. 키르케고르의 역설적 그리스도교는 오로지 세계를 잃고 '실존'하는 외톨이와, 마찬가지로 세계를 잃은 신, 이 두 개밖에는 모른다. 인간과 세계가 창조주를 통하여 서로 연결되고 서로 병렬케 하는, 그런 창조의 신앙이 키르케고르에게는 결핍되어 있다. **창조**에 관한 이 실존 **신학적인** 결함은 이미 데카르트파의 파스칼에게서 시작되었지만, 이와 마찬가지로 온갖 종류의 실존**철학**에 있어서는, 언제나 존재하고 모든 것을 포함하는 것, 그리고 그 속에서 인간이 자연적으로 살고,

또 죽는 것, 그러한 것으로서의 **세계**에 관한 자연적인 개념이 결핍되어 있다.[2]

주석

1) 아우구스티누스의 『독백록(*Soliloquia*)』 1의 2에는 "그렇다면 그대는 무엇을 알고 싶은가? - 나는 하느님과 마음을 알고자 한다 - 그 이상은 아무것도 알고 싶지 않은가? - 전혀 아무것도 알고 싶지 않다"고 하고 있다. 『루터 저작집』, 와이마르 판, 40의 2의 238p에는 신학의 유일하고도 본래적인 대상은 죄 있는 인간과, 그 인간을 의롭다 하시는 신으로서, 그 외의 모든 것은 잘못이고 무가치하다고 하고 있다.
2) 뢰비트의 『니체의 동일물의 영겁회귀의 철학(*Nietzsches Philosophie der ewigen Wiederkehr des Gleichen*)』, 1956년.

4. 창조와 실존

사도신경(使徒信經)은 그 제1절에서 "나는 전능하신 아버지시요, 천지를 지으신 하느님을 믿는다"라고 말하고 있다. 이 신조는 모든 그리스도교 신학뿐만 아니라, 간접적이기는 하지만 그리스도교 이후의 모든 철학에게, 존재하는 모든 것의 근거와 의미를 물을 때, 어디에서, 어디로, 왜, 무엇 때문에를 물을 때, 언제나 그 기초가 되고 중심이 되는 것이다.

천지를 통틀어 '세계'라고 파악한다면, 창조의 이 신앙은 소극적으로는, 눈에 보이는 세계의 전체, 즉 인간까지도 포함한 일체의 존재하는 것의 총체는 **자연적으로** 거기에 있는 것이 **아니다**라고 하고 있는 셈이다. 이 창조설의 비판적 기능은 피시스(physis)와 코스모스(kosmos)를 변질시켜서, 자연을 그 자연성 안에서 찾아낸다는 것이 불합리하다고 논증하는 데 있다.

성서는 그리스의 자연학이나 형이상학(形而上學)처럼 눈에 보이는 놀라운 것에 대한 경이로부터 시작하는 것이 아니라, 무(無)에서 존재를 창조한다는 식으로, 눈에 보이지 않는 이적(異蹟)의 신앙으로부터 시작한다. 구약성서 및 신약성서 속에 있는 그 밖의 이적은 모두가 이 초세계적인 신의 근원적 전능의 결과다. 이 신앙은 처음에 의지설화(意志說話)를, 이 세계에 속하고 있지 않는 신의 의지의 설화를 내세운다. 스스로 나타나는 피시스와, 스스로 존재하고, 혹은 카오스(혼돈)에서부터 꼴을 구비하기에 이른 코스모스는 - 모든 자연적인 철학의 이 최초이면서 최후의 테마 - 창조의 신앙에 의하여 처음부터 무효화되고 있다.

19세기에 포이에르바흐는 이 사실을 매우 예리하게 파악하였다. 그는 신명기에서 "네가 하늘을 향하여 눈을 들어 일월성신 하늘 위의 군중, 곧 하느님 여호와께서 천하 만민을 위하여 분정하신 것을 보고 미혹되어 그 곳에 경배하며 섬기지 말라"(4장 19절)는 문구를 인용하고 있다.[1]

이교도들은 세계와 세계의 크기, 힘, 질서, 아름다움에 경탄하고, 그것을 신격화하지만, 그것은 인간이 이 세계를 초월하여 창조자를 알기까지 자기를 높이는 데 방해가 된다. 그 자체가 이미 눈에 보이는 진리인 그리스적인 코스모스를 성서는 아는 바 없고, 예컨대 아낙사고라스의 말과 같이, 인간은 해와 달과 별을 관찰하기 위하여 태어났다고 하는 따위는 성서의 창조설의 정신과는 일치하지 않는다. 찬송가 속에서는 세계의 아름다움이 찬미되고 있지만, 그것은 언제나, 그 아름다움 그 자체를 찬미하고 있는 것이 아니라, 그것을 지으신 눈에 보이지 않는 창조자를 통찰하고 찬미하고 있는 것이다. 그러나 만일 자연적 세계가 자연적으로 그대로의 것으로 있는 것이 아니라, 그것이 무에서 창조된 속절없이 사라지는 것이라고 한다면, 세계는 그 자체가 또 공무(空無)한 것이고, 그것의 시작은 그것의 종말의 시작일 것이다. 창조를 주장할 때에는 세계의 진리는 전혀 문제가 되지 않는다. 문제가 되는 것은 그 세계를 지으신 전능하신 창조자의 진리이지, 그 자신으로서는 전혀 무력한 이 세계의 진리가 아니다.

자연적 세계를 이렇듯이 멸시하는 이면에는, 근원적이고 창조적인 의도와 하나의 목적이 설정되어 있다. 만일 세계가 계획적인 신의 의지의 덕분으로 현재 존재하고 있다고 한다면, 세계는 무엇인가를 위하여 거기에 있을 것이고 세계에는 목적이 있고, 따라서 또 의미를 지닌다. 전능한 창조자는 창조에 즈음하여 무엇인가를 의도하고 있었다. 왜냐하면 창조자는 어떤 의도가 있었으므로 창조하였을 것이기 때문이다.

그러나 그 경우에, 그는 악한 것이나 아무래도 좋은 것을 의도하였을 리가 없고, 어떤 선한 것을 의도하였을 것이다.

전능하신 창조자는 선한 뜻을 가진 아버지이시고, 창조물에 대하여서는 선하기를 원하신다. 그러나 이 선한 뜻을 가진 아버지이신 창조자는, 그 창조물 속에서도, 인간의 눈에는 보이지 않는다. 창조물을 보아서는 창조자를 알 수 없고, 또 창조물에서 창조자를 통찰할 수도 없다. 창조자는 눈에 보이지 않고, 그는 그가 창조한 것보다도 무한히 월등하다. 세계는 신의 것이지만, 신은 세계의 주(主)요, 신 자신은 속세계적인 것이 아니다.

아우구스티누스는 창조된 것의 존재에 관한 물음에 결정적으로 대답하는 이 신앙의 태도를, 그의 『신국(神國)』(5의 4)에서 더할 나위 없이 분명히 다음과 같이 기술하고 있다.

"무릇 눈에 보이는 모든 것 중에서는 세계가 가장 위대하다. 눈에 보이지 않는 모든 것 중에서는 신이 가장 위대하다. 우리는 세계가 존재하는 것을 눈으로 본다. 우리는 하느님이 존재한다는 것을 믿는다. 그러나 하느님이 세계를 창조하셨다는 것을 우리가 가장 확실하게 믿는 것은, 하느님 자신의 말씀에 의해서다. 그렇다면 우리는 어디에서 하느님의 말씀을 듣는 것일까? 물론 성서에서이다. 성서보다 더 월등한 것은 없다. 성서에서, 하느님의 예언자는, 태초에 하느님께서 천지를 지으셨다고 말하고 있다."

하늘과 땅과, 땅과 바다와 공중에 사는 온갖 것을 찾아 헤매며, 하느님이 어디에 있는가 하고 따지는 사람이 있을지도 모르지만, 이들 온갖 것이, 우리들은 하느님이 아니지만, 하느님께서 우리들을 지으셨다고 대답한다(『고백』 10의 6). 온갖 것을 신이 지으셨다는 것을 간파하기 위해서는, 이미 미리부터 창조자에 대한 신앙이 필요하고, 창조자는 애당초 자신을 눈에 보이는 것 속에서 고지(告知)하지 않고, 들리는 것, 즉 성서의 말씀으로 고지한다는 것을 얻고 있을 필요가 있다. 말이라는 것이, 말로 표현된 것이 모든 존재자의 하나하나와 존재의 전체와의 존재 - 신학적인 근본 성격의 통찰을 지니고 있다. 이 통찰에는 눈에 보이는 세계 현상을 본다는 것은 필요 없는 일이다. 신의 말씀으로서의 무조건적인 권위를 스스로 인정하며, 말하고 있는 것을 오로지 순순히 듣기만 하면 소경이라도 통찰할 수가 있다.

칼 바르트는 그의 『교의학(教義學)』(3의 1) 속에서 성서의 창조의 가르치심은 우주론이 아니고, 그것은 바로 과학이고, 또 그리스도교적인 신학이고, 그것은 하느님을 본뜬 모습인 인간을 향하여 이루어진 가르침이라는 사실과, 또 왜 그런가

하는 사실을 납득이 갈 수 있도록 논증하고 있다.

 천지의 창조는 신과 인간과의 계약의 '외적(外的)'인 근거에 불과하다. 창조의 '내적(內的)'인 근거는 계약 그 자체이다. 신에 의하여 창조된 세계의 비밀은 인간이다. 신 자신이 인간을 위하여, 그 외아들 안에서 창조물이 되시어서, 창조물로서 신을 아버지라고 부르고 있기 때문이다. 신은 거룩한 짐승이나 혹은 영원하고 신적인 코스모스 안에서 스스로를 계시하시지 않으시고, 그리스도에 있어서 인간적으로 계시하셨다. 신은 인간을 위하여 천지를 창조하셨고, 장차 그것을 새로운 하늘과 새로운 땅으로 다시 창조하실 것이다.

 만일 바르트처럼, 전통적인 창조의 신앙을 고수하여, 모든 면에서 이것을 해석은 하되 비판은 않고, 또 이 신조를 완전히 비감성적 비대상적인 것으로 만들지 않고, 오히려 이것은 모든 것을 뒷받침하고 있는 근원설화(根源說話), 모든 사건의 비자연적 초자연적인 근원설화로 인정하고, 따라서 이 창조설화를 단순히 신화적인 세계 이해(불트만), 구속력이 없는 '암호'(야스퍼스)로서, 불가결한 것이 아니라거나 불가결한 것이라고 생각하지 않는다면, 바르트의 역설적인 주장에 있어서 동의할 수 있는 점은, 모든 존재자의 **실존**은 그것이 **창조된 것**이라고 해야만 보장되고 확실해진다는 이 점, 그리고 사실적 세계의 사실적 창조에 대한 신앙이 없으면, 이른바 인간과 이른바 세계의 실존은 극히 수상한 가설(假說)이 되고 만다는 점, 바로 이 점뿐이다.

"사소한 것 같이 보이지만 실은 결코 사소한 것이 아니라는 것… 즉, 하늘과 땅과 자기 자신이(신과 구별하여, 이를테면 신이 없이, 신 이전에, 혹은 또 신과 나란히 서서) 실존과 본질을 갖는다고 감히 생각하는 사람, 자기 자신과 이른바 세계가 있고, 없는 것이 아니라고 대담하게 생각하는 사람은, 자기의 생각은 이론의 여지가 있을지도 모를 하나의 가설이라는 것, 그리고 전체 그리스도교도와 더불어, 태초에 하느님이 천지와 자기 자신을 지으시고, 이 세계에 대하여 논란할 여지가 없는 현실성을 사실로 주셨다고 하는 것을 신앙으로 알지 못하는 한, 생각을 하는 데도 살아가는 데도 죽는 데도 자신의 가설에 의거하여 결단을 내려야만 한다는 것, 이 사실이 분명해진 것이다."

왜냐하면 세계와 우리 자신이 존재하고, 존재하지 않는 것이 아니라는 사실에 호의를 갖고 있는 것은 오로지 신뿐이고, 그 외의 어떤 다른 것이 아니기 때문이다. 세계와 우리들 자신의 현실적 사실적인 실존이라고 하는, 이 가장 자명한 듯이 보이는 사실도, 창조를 믿는 신앙의 측면에서 본다면,

신앙을 도외시하고, 눈에 보이는 것만을 의지한다면, 매우 수상쩍은 것이 되고 말 것이다. 왜냐하면 눈에 보이는 것의 현상은, 실로 언제까지나 한갓된 겉모양에 불과하기 때문이다.

창조설이 그리스도교 이후의 철학에 대하여 아직도 영향력을 갖고 있다는 사실은, 근대 철학의 **자기의 실존 그 자체**에 대한 태도와, **일반적 실존개념**으로 미루어 보아서도 뚜렷이 할 수 있다. 이것을 간취하기 위해서는 일체의 존재자를 **창조물**(ens sreatum)이라고 규정하는 **단 하나의** 그리스도교적인 규정에서 출발하면 족하다.

자기의 실존 그 자체에 대한 가장 극단적인 가능성은 자살에 있어서 표시된다. 자살이라는 말은 살인이라는 범죄적인 배음(倍音)이 포함되어 있어서 그리 좋은 인상을 주지 않지만, 자유사(自由死)라는 말 역시 천진난만하여, 그리 좋은 말이 아니다. 그러나 물론 '자유사'라는 말은 자기 파괴(자기근절)를 결심하는 경우의 자유의 계기를 강조하는 장점을 가지고 있기는 하다. 결국 자신의 생존을 자신이 파괴하는 자유는 특별히 인간만이 갖고 있는 가능성이다. 필연적으로 존재하고 있는 신은 자신이 자신을 파괴할 수가 없고, 또 마찬가지로 동물도 자신이 자신에게 생명을 주지 못하듯이, 자신이 자신을 죽이지도 못한다. 동물은 오로지 저절로 절명할 뿐이다

(주인이 죽은 후에, 식음을 전폐하고 죽는 개가 있지만, 그것은 자살이 아니다).

인간도 자신이 자신에게 생명을 준 것은 아니다. 그러나 인간은 자살행위를 감행할 수가 있다. 그것은 인간이 존재하는 모든 것으로부터, 물론 또 자기 자신의 자연적인 실존으로부터도 거리를 두고 설 수가 있기 때문이다. 거리를 두고 선다는 사실 속에는, 대상화(對象化)와 추상능력(抽象能力)의 가능성이 내포되어 있다. 자기 파괴의 가능성은 인간의 본질에 속하고 있는 것이기는 하지만, '그리스도교적인 자살자'라는 것은 없다. 물론 구약성서도 자살에 대한 이교적인 천진난만성[2](사울은 불레셋 사람들과의 싸움에서 패전하여 할복 자살하였고, 압살롬의 충고자는 목을 매고 죽었고, 신약성서는 다만 가룟 유다의 자살만을 전하고 있다)을 기록하고 있기는 하지만, 사울도 압살롬의 충고자도 가룟 유다도 그리스도교도는 아니다. 그리스도교도에게는, 자유라는 선물은 자신에게 실존과 더불어 자유도 주신 신 안에서 매우 명확한 제한을 지니고 있다.

신이 자신을 창조하였다는 사실을 척도로 삼아 헤아린다면, 자기 파괴의 자유는 창조주에 대한 반역이고 오만이다. 도스토예프스키가 그린 악마들 중의 한 사람인, 자살자 끼리

로프는 웅장하고 불합리한 귀결을 동반하는 자기 파괴의 행위로써 자신의 자의(自意)를 뚜렷이 과시하고, 신에게 '입장권'을 되돌려 주려고 한다.

자기 파괴의 자유는 사정여하를 막론하고 비난을 받기에 마땅한 일이라고 하는 것은, 루크레티아, 카토 및 가롯 유다의 자살에 대한 아우구스티누스의 냉혹한 비판(『신국』, 1의 17 이하)에서 토머스에 이르기까지, 또 루터에서 칸트에 이르기까지 변함이 없다.

칸트는 신을 인간성이라는 이념으로 대치해 놓고, 자살자가 자기 자신을 한갓된 물건처럼 처리하는 것은 자신의 인격의 인간성을 격하하는 것이라고 하며, 자살의 반(反)윤리성을 주장하고 있다. 칸트의 생각대로 하자면 역시, 루크레티아는 자신의 여자로서의 정조에 대한 공격에, 자살 따위를 저지르지 않고 죽임을 당하기까지 저항했어야만 했을 것이다. 물론 칸트는, 자기보존의 의무라는 것은, 오로지 인생이 살아갈 만한 가치가 있는 한에 있어서만 다해야 할 것이라는 것을 인정한다. 윤리적으로 판단하건대, 산다는 것은 반드시 필요하지가 않고, 단지 살아 있는 한은 존경을 받기에 합당한 생활을 할 필요가 있을 뿐이기 때문이다.

그러나 실상은 칸트는 다음과 같은 주목할 만한 견해를 품고 있었다 - 즉 존경을 받기에 합당한 생활은 언제나, 어떤 사정이 있더라도, 자신의 인격 속의 인간성에 대한 의무를 다하기만 하면 자살이라는 자신에 대한 폭력을 사용하지 않더라도 가능하다. 자유민이 자기의 나라에서 나갈 수가 있듯이, 인간은 자신의 자유로써 이 세계에서 빠져나갈 수가 있는 것이, 인간의 윤리적인 특전같이도 보인다. 그러나 이 최대의 자유인 듯이 보이는 자유는 실은 그릇된 것이다. 자유라는 것은, 내가 그것을 자기 파괴를 위하여서 사용하여서는 안 된다는 확고부동한 제약을 갖고 있기 때문이다. 왜냐하면 만일 자유를 자기 파괴를 위하여 사용하는 일이 허용된다면, 자기 자신의 인격에 있어서 마저도 인간성을 존중하지 않는 자가, 남의 인격에 있어서의 인간성을 존중할 리가 없고, 따라서 예컨대 살인을 하는 일 같은 것도 방지할 길이 없어지므로, 그렇게 되면 타인에 대한 모든 의무는 흔들리기 시작할 것이기 때문이다. 이렇게 윤리적 사회적인 고려에서 칸트는, 이미 아우구스티누스가 생각한 바와 같이, 자살도 범죄행위라고 생각한다.

그러나 칸트의 이런 논의의 궁극의 전제는, 윤리성이라는 이념이 아니라, 세속화된 창조신앙이다. '인간성'은 우리에게 '맡겨져' 있는 '거룩한 것'이고, 자살은 '창조자'의 '의도'에 위배된다는 식이다. 물론 칸트는 이 글 후반에 있는 창조자라는 말 대신에 '자연'의 지혜와 그 자연적인 보존의 의도라고 말하고, 인간은 이것에 배반하여서는 안된다고 말한다. 로마법에 의하면 노예는 자살로써 주인의 일에서부터 도망칠 권리가 없었듯이, 자유로운(그리스도교적) 인간도 자신의 소유주이신 신으로부터 도망칠 권리가 없다는 것이 칸트의 생각일 것이다 - 그러나 이런 생각에는, 이 세상의 생활은 그리스도를 본받는다는 형식으로 시련의 성격을 지니고 있다고 하는 그리스도교의 사고방식이 어렴풋이나마 반영되고 있다. 이 신학적 배경이 없이는, 칸트의 학설을 납득할 만한 것이라고 인정하기란 거의 불가능할 것이다.

독일 관념론이 완결된 후, 슈티르너는 아니나 다를까 극단적으로 인간성 역시 신용할 만한 것이 못 된다, 하물며 살아야 할 의무도 없다고 하게 되어, 다시금 자살을 승인하는 길이 열렸다. 그러나 인생을 평가함에 있어서 고대인이 지니고 있던 천진난만성을 되찾지는 못하였다. 자기의 실존 그 자체에 대한 궁극의 태도는 그리스도교적인 인간성에 대한 비판과 얽혀서 모호하게 되었다.

니체의 짜라투스트라는 존재하는 모든 것의 영겁회귀를 향한 의지를 가르치고, 자기 자신의 실존까지도 무조건 긍정하는 이 '가장 무거운' 사상을 향하여 자신을 초월하기를 원하였으나, 그와 동시에 짜라투스트라는 자유로운 죽음에 관한 설교도 하고 있다. 니체 자신도 여러 번 이 자유로운 죽음의 유혹을 받았지만 겁을 먹고 물러섰다.

하이데거는 『존재와 시간』[3] 속에서, 생존으로 내던져진 실존이 무거운 짐이라는 성격을 지닌다는 것을 강조하고 있고 '본래적인 전체 존재가능'의 투기(投企, Entwurf)에 있어서 '죽음에 대한 자유'를 다시금 강조하고 있다. 그러나 그 다음에 나오는 실존론적 존재론적 가능성의 '실존적 증명'이라는 장(章)에서는, 왜 거기에 내던져져 있는 생존이 **사실상** 존재하고 있을 뿐만 아니라, '존재해야만 한다'는 것을 전혀 분명히 하지 못하고 있다. 하이데거처럼, 인간적 생존은 자신이 자신을 생존으로 이끌어온 것이 아니고, 그것은 생존으로 내던져져 있는 있는 것이므로, 따라서 자기가 놓은 것이 아닌 자기의 생존의 근거를 인수해야만 한다는 생각에서 출발하는 사람은, 어째서 그것을 인수해야만 하는가라는 것, 즉 인수의 필연성을 후에 가서 정초(定礎)할 수 없다[4] - 180도로 돌아서, 사실상 무거운 짐인 이 생존(Da-sein)의 '거기(Da)'를 존재의 은혜의 빛과 선물이라고 생각하게 되지 않는 한. 그러나 그렇게 되면, 이 존재에서, 경우에 따라서는 또다시

신 혹은 제신(諸神)이 나오게 된다.[5]

왜 사람은 존재해야만 하는가, 어째서 사람은 자신의 벌거숭이의 생존을 인수해야만 하는가, 이러한 것을 정초하기란 불가능하다. 그것이 불가능하다는 것이 현대 생활의 일상행동에 여실히 제시된 것은, 우리가 1933년과 1945년에 정치적인 압박 밑에서 체험한 집단자살이다. 그때 - 죽는 것이 두려워서가 아니라, 십자가에 못 박히신 예수를 믿고 자신들의 십자가를 몸소 걸머지기 위하여 - 제멋대로 자살 따위는 하지 않고, 어떤 몸서리치는 고난일지라도 몸소 참고 견딘 그리스도인은 극히 적었던 것이다.

자기의 실존에 대한 태도와 호응하여, 그리스도교 이후의 일반적인 실존개념은 창조질서와 그것의 세속화된 여러 형식의 신앙의 상실에서 생겼다.

3백 년 전부터 오늘에 이르기까지, 뉘앙스가 제각기 다른 실존주의를 낳게 된 근원이 된 근본경험은 세계의 전체 속에서는 인간의 생존은 **우연**이라고 하는 경험이다. 유럽의 사상사를 개관하면, 자연적으로 질서가 있는 코스모스 속에서의 인간의 본질적 실존이라는 고대적 개념과, 인간을 향한 초자연적인 질서라는 그리스도교적인 개념에서, 우주 속에 우연히 내던져진 실존이라는 현대적 개념으로의 뚜렷한 단락과 회전점이 있음을 알 수 있다.

그리스 철학도 그리스도교 신학도, 세계의 전체 속에 있어서의 인간의 위치와 그 특수한 위치를 우리들 현대인처럼은 경험도 하지 못하였고 파악도 못하였던 것이다. 아리스토텔레스에게는 실존이란 무엇 무엇인 것(Was-seienden)이 있는 것(Dass-sein)이고, 처음도 나중도 없는 영원한 코스모스의 본질적 질서 속의 비독립적인 계기로서, 이 코스모스는 말을 할 수 있는 생물로서의 인간의 실존까지도 내포하고 있다. 아우구스티누스와 토머스에게는, 세계와 인간은, 자연적으로 존재하고 있는 본질적인 실존이 아니라, 신의 의지적인, 따라서 우연적인 창조물이기는 하지만, 그러나 모든 창조된 실존의 이 우연성은 오로지 신의 의지에서 나온 전존재자의 통일적인 개념 형성과 평행하고 있다. 그리스도 역시 타락한 인간뿐만 아니라 타락한 창조물 모두를 구원하신다.

이 두 개의 근대 이전의 확신, 즉 고대적인 확신 및 그리스도교적인 확신의 붕괴와 더불어, 비로소 실존주의가 실존하기에 이른다. 우주가, 아리스토텔레스에게 그러하였듯이, 신적(神的)도 영원적도 아니고, 그렇다고 해서, 우주가 속절없이 사라지는 것, 신에 의하여 창조된 것도 아닌 것이 되고 말고, 그리고 인간은 자연적인 혹은 초자연적인 질서 속에서

창조와 실존 157

뚜렷한 장소마저도 이미 전혀 갖게 되지 못하게 되면, 그때 인간은 이미 인간에게 편리하도록 정돈되어 있지 않는 이 세계 '한가운데서' 아무러한 매개도 없이, 탈존적(脫存的, ekstatisch)으로 '실존' 하기 시작하기 때문이다. 어떻게 되어서 이런 변화가 생겼을까? 인간의 본질이 세계와는 관계없이 내적으로 변화하였기 때문일까?

생각컨대, 이 변화는, 세계 - 하늘과 땅 - 가 우리에게는, 이미 아리스토텔레스나 토머스에게 그러하였던 그런 것이 아닌 것이 되었기 때문이다. 그러나 초자연적인 세계가 **우리들**과 무슨 상관이 있는 것일까? 매우 많은 관련이 있고, 또 매우 관련이 적다! 데카르트, 갈릴레이 그리고 뉴튼이 세계를 이제까지와는 다르게 해석한 이래, 세계는 우리들에게는 다른 것이 되고 말았다. 그러나 세계 그 자체는 예나 지금이나 같은 세계이다. 변화란 것은 우선 세계에 관한 **세계상**(世界像)뿐이다.

그러나 수학적 물리학의 현대적 세계상이 아리스토텔레스나 파라켈수스의 자연학보다도 피시스를 보다 적절하게 이해하고 있다는 것을 무엇이 우리들에게 보장해 주는 것일까? 그야 현대적 자연과학은 존재하지만, 그러나 현대적 자연은 존재하고 있지 않다. 모든 사물의 자연적 본성에 관한 문제를 그것에 관한 역사적 학문을 기준으로 삼아 사학적(史學的)으로 이해함으로써, 어느 쪽이 보다 적절하고 적절하지 못하다고 하는 식으로 독단적으로 결정할 수는 없다.

코스모스라는 말은 확실히 전적으로 세계에 관한 그리스적인 경험에 대응하고 있다. 그러나 이제 철학적인 참새가 지붕 위에서 소리를 모아, 우리에게는 거처할 집이 없다, 세계는 일종의 파열이다, 하긴 정말은 무엇이 파열되었는지는 모르지만 하고 시끄럽게 지저귄다고 해서, 우리들은 이제 코스모스 안에서 살고 있지 않다고 간단히 주장할 수 있는 사람이 있을까? 현대의 생물학자들을 모두가 여전히, 자연적 세계는 놀라울 정도로 질서가 잡혀 있고, 경탄할 정도로 이성적(理性的)이고, 세계는 인간까지도 안에 포함하고, 인간은 세계 속에 포함되어 있기 때문에, 거기에서 자신을 꺼낼 수도 있다는 것을 전제로 삼고 있고, 이 전제가 옳다는 것의 보증을 항상 발견하고 있는 것이 아닐까?

존재와 존재 이해, 자연과 자연과학, 학문과 역사, 이런 것들의 관계가 비록 어떻게 되어 있든 간에, 다음과 같은 하나의 사실은 논란의 여지가 없을 것이다. 즉, 현대의 세계 개념과 그것에 따르는 인간의 위치의 변화는, 16세기와 17세기의 새로운 천문학적인 발견과 더불어 지배적이 되었고, 이것은 역사적으로 증명할 수 있는 사실이다. 16세기에서 17세기로 옮아가는 그즈음 이래로, 허다한 영국의 작가와 설교가가 문학적인 타락의 우주론에 몰두하고 있다. 그들에게는 우주는 신에 의하여 예정된 질서를 상실한 듯이 보이고, 우주와 더불어 인간도 역시 자신이 설 자리를 잃은 듯이 보였다. 근본적으로 변화할 수 있다는 사상이 땅 위에서 하늘까지 퍼지고, 이미 질서가 잡혀져 있지도 않고, 인간에게 편리하게 정돈되어 있다고도 할 수 없는 이 세계 안에서 인간은 자기 자신을 잃어간다.

영국의 시인이자 설교가인 존 단은 『세계의 해부학』(1611년)이라는 책에서 이 풍조를 뚜렷이 표현하여 커다란 반향을 일으켰다. 거기에서 바톤의 『시름의 해부학』(1621년)은 실존적인 귀결을 끌어냈다.

새로운 철학이 이제 모든 것을 의심 속에 놓는다.
불의 원소는 꺼졌다.
태양은 가고, 지구도 가고, 어디서 그것을 다시 찾을 것인가를 인간에게 보여주는 지혜도 없다.
이 세계는 이미 깡그리 소진되었다고, 사람들은 제멋대로 생각한다.

천체나 창궁에서 오로지 새로운 것을 찾아 헤매어도 모든 것이 원자로 박살났으니까.
일체가 산산조각이 나고, 연관이 없다…

"일체가 산산조각이 나고, 연관이 없다." 그러므로 인간이 필요로 하는 것은, "자신의 길을 전진하기 위한 새로운 콤파스이다"라고 바톤은 말하고 있다.

이제까지 3백 년을 통하여 존재자의 전체 안에서의 인간의 생존의 우연성의 경험이 어떤 것이었나 하는 것을, 몇 개의 실례를 들어 밝혀 보고자 한다. 그 예를 파스칼, 칸트, 키르케고르, 니체, 하이데거 및 사르트르에서 찾아보자. 이 사람들은 모두 현대의 인간의 자연적 형이상학적인 고향상실성(故鄕喪失性)을, 시대가 전진함에 따라 더욱더 강하게 표명하고 있다.

파스칼은 누구보다도 맨 먼저 새로운 자연철학에서 실존적인 귀결을 이끌어 냈다. 즉, 그는 낡은 그리스도교적인 콤파스를, 변화한 근대 세계에다 다시금 적용시키려고 시도하였던 것이다. 파스칼 자신이 근대적인 수학자이고 물리학자였기 때문에, 그의 그리스도교 변호에서는 전통적인 창조의 질서라는 것과 이미 지탱해 낼 수 있는 의미를 지니지 못하고 있었다는 것은 결코 우연이 아니다.

그의 그리스도교는 세계와 인간이 다 같이 신에 의하여 창조되었다고 하는 신앙에 터전을 두고 있는 것이 아니라, 인간 본성의 타락과 그리스도에 의한 구원의 희망이, 그 신앙의 가장 강한 동인(動因)이 되어 있다. 파스칼 이후 '인간의 본성'이란 말 대신에 '인간의 조건'이라는 말이 쓰이게 되었지만, 그 '인간의 조건'에 관한 파스칼의 새로운 통찰은, 공간 및 시간에 있어서의 무종(無終) - 무한한 것이라는 것을 근본 성격으로 하는 새로운 우주관과 분리할 수가 없다.

자연이 수학화(數學化)됨과 동시에, 인간도 그 고유한 자연[本性]을 잃었다. 파스칼은 인간의 상황을 무한대와 무한소(無限小)와의 중간에 있는 영점(零點)의 상황으로 비유한다. 『팡세』의 단편 제205에서(194 및 469도 참조) 다음과 같이 말하고 있다. "앞뒤로 영원성에 의하여 잠식되고 마는 나의 짧은 생애를 생각하고, 내가 차지하고 있는 근소한 공간이나 혹은 내게 보이는 한의 광대한 공간마저도, 모든 공간의 무한한 넓이에게 삼켜져 있으나, 그런 온갖 공간에 관하여 나는 아무것도 아는 바 없고, 또 거꾸로 그것들이 나에 관해서 아무것도 아는 바 없다는 것을 생각할 때, 나는 전율을 느끼고, 내가 여기에 있고, 저기에 있지 않다는 사실에 경탄을 금할 수가 없다. 어째서 나는 바로 여기에 있고, 저기에 있지 않는 것일까, 또 왜 나는 지금 있고, 어떤 다른 때에 있지 않을까? 여기에는 아무런 이유도 없다. 누가 나를 여기에 놓았을까? 누구의 지시로 이 장소와 이 시간이 나에게 배당된 것일까?"

시간과 공간을 주관적인 직관형식(直觀形式)이라고 하는 칸트의 공시론(空時論)은, 객관적인 시간과 객관적인 공간의 걷잡을 수 없는 우연성에 대한 파스칼의 전율을 유화하고 진정시키는 대답인 듯처럼 보인다. 그러나 이러한 칸트도 역시 인간의 실존, 아니 창조물 전체의 근본적인 우연성을 체험하고 있었다.

그의 『실천이성 비판』의 끝맺는 말은, 나의 위에 있는 하늘과 나의 마음속에 있는 윤리적 법칙에 관한 유명한 문장을 포함하고 있다. 이 두 개의 세계, 즉 자연이라는 외적 세계와 윤리적 실존이라는 내적 세계는, 우리의 의식 속에서는 서로 연결되어 있지만, 그 자체로서는 양자가 전혀 서로 비교해 볼 수 없는 세계이다. 즉 무한히 넓게 뻗어 있는 우주에 비하면 자연적인 인간은 무이다 - 그러나 윤리적 인격으로서의 자기 자신이란 점에서 보면, 인간이 전부이고, 자연적 세계는 아무것도 아니다. 『순수이성 비판』에 있어서는 칸트는 한층 더 철저하다.

창조와 실존 163

마치 현재의 철저한 실존주의자이기나 한 것처럼, 칸트는 실존하는 창조물 전체의 내적인 필연성을 정초(定礎)하기란 불가능하다고 인정한다. 그 이유는, 그것이 가능하기 위해서는, 우리는 모든 실존의 궁극의 원리가 존재하고, 그 원리 자신은 필연적으로 본질적으로 실존한다는 것을 알아야만 하지만, 우리는 신의 실존이라 할지라도 필연적이라고는 생각할 수가 없기 때문이라는 것이다. 이 사실이야말로 인간 이성에게는 진정한 심연(深淵)이라고 칸트는 말하고 있다.

 "우리가 모든 가능한 것 중에서도 최고의 것이라고 생각하고 있는 그것이 이를테면 혼잣말처럼, 나는 영원한 옛날부터 영원한 미래에 걸쳐 존재한다. 나 이외에는, 나의 의지에 의하여 존재하고 있지 않는 한, 그 무엇도 존재하지 않는다. **그러나 도대체 나는 어디에서 온 것일까**하고 중얼거린다면 어찌 될까? 우리는 이런 것을 생각하지 않도록 우리 자신을 지키려고 해도 지킬 수가 없고, 그렇다고 해서 이런 생각을 견디어 낼 수도 없다. 이렇게 되면 모든 것이 발밑으로 가라앉고, 최대의 완전성도 최소의 완전성도 기대할 아무런 의지도 없이 단지 사변적 이성 앞에서 떠돌기 시작한다. 이 사변적 이성으로서는 이러저러한 완전성을 아낌없이 저버릴 수가 있기 때문이다."

이제 남는 것은 실존의, 지탱하기에 족한 지주가 없는 실존의 전면적이고 철저한 우연성이다. 칸트는 이런 생각을, 인간의 이성에게는 견딜 수 없는 것으로 느꼈지만, 그러나 그 반대, 즉 내적 필연성도 역시 증명이 불가능하다. 칸트와 현대의 실존주의자와의 차이는 후자가 철저한 우연성을 참을 수가 있을 뿐더러, 자신을 해방시켜 주는 것으로 간주하고, 내적 필연성의 증명이 쓸데없다고 간주하는 일에 성공한 듯이 보이려고 하는 점에 있다.

키르케고르는 실존에 대한 관심을, 자연적 세계의 법칙에 대한 가능한 한의 관심과 뚜렷이 대립시켜서 규정하고 있다. '실존하면서 생각하는 사람'의 본래적인 관심사는 우주적 법칙도 윤리적 법칙도 아니고, 오로지 종교적인 단독화에 있어서 고독해진 인간의 실존 그 자체이다. 우리들 한 사람 한 사람의 각 실존이 절대적으로 우연적이라는 사실에 당황하여 키르케고르는 도전하듯이 다음과 같이 묻는다.

"나는 누구일까? 어떻게 해서 나는 여기에 온 것일까, 세계라고 불리고 있는 것은 도대체 무엇일까? 왜 나는 이 대기업에 참여하고 있는 것일까? 내가 이것에 참여하게끔 강요되고 있는 것이라면, 이 기업의 지배인은 누구일까? 나는 그 지배인을 알고 싶다."

키르케고르의 『반복』 속의 이 문장은, 파스칼의, 도대체 누구의 지시로 나는 바로 지금, 여기에 있는 것일까 하는 물음과 흡사하지만, 그러나 어조와 의도에 있어서 분명히 다르다는 것을 엿볼 수 있다. 파스칼에게는 세계는 아직도, 본래가 나에게는 관계없는 한갓된 '기업(企業)'이 아니라, 우주의 압도적인 실재이고, 그 속에서 인간의 조건은 인간의 조건이 되어 있다. 인간의 실존의 소름이 끼치는 우연은, 파스칼에 있어서는 아직도 하나의 구조(構造) 속에 있다. 구조라고 해도 물론 불연속적인, 따라서 불가해한 구조이기는 하지만, 그러나 아무튼 하나의 구조이기는 한 것, 즉 자연적인 우주의 시간적 공간적인 무한성이라는 구조이다. 키르케고르 및 현대의 실존주의자에게 있어서는, 이 수학적인 자연과학의 우주는, 자기존재, 현존재, 대자(對自)존재에 대한 관심에게는 무의미한 것이 되어 버린 것처럼 보인다.

니체는 드디어 이 현대적 주관성의 우주론적인 허무주의로부터 최후의 결론을 도출하였다. 즉, 그는 그리스적인 코스모스라는 잃어버린 세계를 다시금 인간의 실존 속으로 되찾아 놓으려고 하였다. 그러나 그의 출발점은 역시 현대적인 출발점이었다. 즉, 그의 출발점은, 인간은 코페르니쿠스 이래 '중심에서 벗어나 X에 부닥쳐' '우연'과 '단편'이 되어 버렸다고 하는 통찰이다. '윤리적인 의미로서가 아니라(즉 우주적인 의미에서의) 진리와 허위'에 관한 니체의 초기의 소논문에서, 그는 인간도 인간의 의식도, 유출되어 버린 세계 만유의 헤아릴 수 없는 성운(星雲) 체계 속의 한 구석에서 상실되었고, 자연의 수수께끼를 풀 열쇠를 잃어버리고 말았다고 하였다. 세계의 진리, 그와 더불어 또 인간의 실존의 진리를 되찾기 위하여, 니체는 인간을 '자연 속으로', 즉 코스모스의 법칙 안으로, 즉 동일물의 언제나 한가지인 생성과 소멸과의 영겁회귀로 '다시 데려다 앉히려는' 위대한 실험을 시도하였다.

이러한 니체의 사상으로 미루어 보면, 니체야말로 유일한 현대 철학자라 하겠다. 니체는 목표 및 목적으로서의 의미에 대한 물음을 근본적으로 극복하고, 현대의 허무주의의 무(無)에서 다시금 존재에 도달하려고 시도하였기 때문이다. 이때 그는 고대를 본으로 삼아, 자연으로서의 세계의 존재야말로 존재라고 보았다. 니체가 철학적으로 좌초한 것은 코스모스의 시간적인 존재 양식을 동일물의 영겁회귀로 본 점에 있었던 것이 아니라, 이렇게 본 진리를 그 자신이 승인하려고 **원했고**, 또 그것을 '힘으로의 의지'라는 명제 밑에서 파악한 점에 있었던 것이다.

현대의 실존주의에는 여러 가지의 형태가 있지만, 그 어느 것도 니체의 그것에는 감히 미치지 못한다. 물론 하이데거는 "왜 일반적으로 존재자는 있고, 그와 반대로 무는 없는 것일까?" 하는 궁극의 물음을 내세우고는 있다. 그는 『형이상학 입문』 속에서 이 물음을 가장 넓고, 가장 깊고, 가장 근원적인 물음이라고 말하고 있다. 그러나 그는 이 물음에 대하여 자기 자신의 힘으로 대답하지를 못한다. 이 '왜'라는 물음은 온갖 가능한 대답에 대하여 개방되어 있는 물음임에도 불구하고, 그리스도교적인 신앙으로부터의 대답은 결정적으로 거부된다.

하이데거의 생각에 의하면, 창조를 믿고, 창조 속에 이 물음에 대한 대답이 있는 것으로 생각하는 사람은, 이 철학의 물음에는 전혀 관계가 없기 때문이다. 철학적 사유가 이 물음에서 묻고 있는 것은, 신앙에서는 '어리석은 일'이고, 이 어리석음 안에서 철학은 성립된다고 하이데거는 말하고 있다.[6]

그러나 모든 존재자의 이 왜에 대한 물음이, 그리스도교 이후의 철학에게 해답을 요구한다면 몰라도, 일반적으로 **철학이라는** 것에게 정말로 해답을 요구할 수가 있겠느냐는 의심스러운 일이다. 아리스토텔레스에게는, 실로 존재하는 한의 모든 존재자의 궁극의 '원리'에 대한 물음은, 어리석은 것도 아니려니와, 대답을 기대할 수 없는 것도 아니고, 최고의 이론적 지혜에 의하여 해답을 얻을 수 있는 것이었다.

그러나 그는 또 이 물음을 현대적인, 그리스도교 이후의 의미에서 제출한 것이 아니다. 오히려 정반대로 최고의 이론적인 전제는, 모든 진지한 철학은 '언제나' 있는 그대로 변함없이 있는 것, 혹은 언제나는 아닐망정, 대개는 어김없이 있는 것, 그런 것에만 관심을 쏟을 수가 있기 때문에 모든 존재자의 우연성은 전혀 고찰 속에 들어오지 않는다는 점이다.

우연적으로 실존하고 있는 것을 이렇듯이 철학의 관심사로부터 배제해 버린다는 것은, 아리스토텔레스에서 헤겔에 이르기까지 줄곧 당연한 일로 통해왔지만, 그리스도교적인 사상가 키르케고르에 이르러서 역전하고 말았다. 인간 및 그밖의 일체의 존재자의 실존은 결국 단순한 우연일지도 모르고, 신에 의하여 제멋대로 창조된 것인지도 모른다. 그러므로 요는 그런 실존은 존재하지 않을 수도 있었을 것이고, 따라서 왜 일반적으로 존재자가 있느냐, 왜 존재자가 없는 것이 아니냐고 물을 수도 있다. 이런 사고방식과 물음은, 아리스토텔레스의 자연적이고 자연철학적인 사유에서는 생각도 할 수 없는 일이었다. 그렇기 때문에 창조의 교설을 말하는 사람들과 세계의 시초가 없는 영원성을 말하는 사람들 사이에 수백 년에 걸친 장황한 싸움이 있었던 것이다.

그런데 하이데거는, 모든 존재자의 왜를 묻는 '어리석은 짓'을 감히 저질러 놓고도 창조설에서 오는 대답을 거부하느니만큼, 그는 그리스도교의 전통 속에서 그것에 거역하며 생각하고 있는 셈이다. 물론 하이데거가 인간의 생존이 사실로써 내던져져 있다는 어쩔 수 없는 우연성에 대하여 얼마나 불만이었던가는, 이미 『존재와 시간』 속에서 운명의, 즉 '존재의 게쉬크(Seinsgeschicks)'의 정당한 요구를 하고 있는 점으로 보아서도 알 수 있다. '존재의 게쉬크'에 따라서 각기 자기의 것인 인간의 생존은 이제야 존재에 의하여 내던져졌고, 생기고 있다고 그는 생각하고 있는 것이다. 우연(偶然)이 운명(Schicksal)과 게쉬크(Geschick)의 이름 밑에서 최고의 법정으로 높임을 받은 것이다.

사르트르는 하이데거와 같이 우연을 운명에까지 높이는 일은 단념하고, 그것의 평범한 결과로서, 현대의 실존개념이 전적으로 배리적(背理的)인 것이라는 것을 분명히 하였다. 사르트르에게는, 신(神)이란 형이상학적인 사상(事象)도 아니고, 윤리적인 요청도 아니고, 또 언젠가는 도래할 것이라는 따위의 먼 가능성도 아니다.

실존주의와 휴머니즘에 관해 서술한 책에서 사르트르는 철저한 실존개념이 원리적으로 무신론적인 의미를 갖는다는 것을 설명하고 있다. 실존개념의 긍정적인 이면은, 인간의 절대적인 자기책임이다. 창조신이 만물을 규정하는 것도 아니고, 자연이 만물을 규정하는 것도 아니라면, 인간은 자기가 자기를 실존적으로 규정할 수밖에 없다. 인간은 자기가 있을 **수 있는** 바의 존재 이외의 것이 아니다. 그리고 인간이 그렇게 하려고 결심할 수가 없는 것, 또 결심해서는 안 되는 것이라는 것은 존재하지 않는다. 인간은 또 인간에게 주어진, 혹은 미리부터 주어져 있는 인간 본성이라는 것도 믿을 수가 없다. 자유로이 책임을 진다는 사실만을 신뢰할 수 있다. 인간은 자유로이 책임을 받아들여야만 하게끔 저주를 받고 있는 것이다. 인간은 그가 무엇 무엇으로 있는 그 무엇 무엇에 관하여, 아니 좀 더 정확하게 말해서, 그가 어떻게 있는가 하는 그 어떻게에 관해서 철저하게 책임을 져야만 한다. 단지 책임을 진다는 이 점에 관해서는 책임을 질 수가 없다. 이것은 예외이다. 왜냐하면 좋건 싫건 하여간 인간은 존재하고 있고, 존재하기를 원하느냐 원치 않느냐, 어떻게 존재하기를 원하느냐를 자유로이 결심해야만 한다는 **이 사실**에 관해서는, 인간은 전혀 책임이 없기 때문이다.

신이라든가 인간 본성이, 인간은 이러저러해야만 한다고 해주는 것이 아닌 이상, 어떤 일이라도 자기가 좋다고 생각하는 일은 무엇을 해도 좋다. 인간은 '버림을 받고' 있다. 지탱해 주는 그 무엇도 없고, 그 무엇을 핑계로 삼을 수도 없다. 인간은 자기가 자기를 투기(投企)하고, 자기가 머리를 써야만 한다. 사르트르에게는 자연이라는 것이, 본질이 없는 실존이라는 대자(對自)존재와 대립한 꿰뚫어 볼 수 없는 '즉자(卽自)존재'이고, 인간은 단지 자기의 육체의 자연적 욕정 속에서 자연을 엿볼 수 있을 뿐인 것이다.

  사르트르는 '실존'에 관한 근본 경험을 『구토』라는 소설 속에서 기술하고 있다. 실존은 이 소설의 주인공이 우연히 마로니에라는 나무의 뿌리를 보았을 때, 단 한 번만의 조명인양 엄습한다. 그는 공원에 있는 벤치에 걸터앉아 자기 앞에 있는 뱀같이 비꼬여 있는 딱딱한 뿌리를 보고 있다. 그런데 그 뿌리에 돌연 실존, 혹은 단순한 벌거숭이의 현존재라고밖에 무엇이라고도 말할 수 없는 것이 나타난다. 실존은 언제나 거기에 있다. 우리 속에도, 우리의 주위에도. 단지 보통은 그것이 우리의 눈에 숨겨져 있을 뿐인 것이다. 왜냐하면 우리는 단순한 실존에 주의를 가하는 대신에, 우선 **나무**에, 그 **뿌리**에 주목하기 때문이다.

우리는 언제나 '있다'는 말을 쓰고 있지만, 그 '있다'는 것 속에 언제나 실존이 제시되어 있는 것이다. 단 이 '있다'는 객어(客語的)인 '~이다'는 아니다. 이 '~이다'는 무엇에 관하여 무엇을 표현하는 것이니까. 단적으로 거기에 있는 것, 그것은 이미 이러저러한 꼴을 하고, 한 그루의 나무에 속하고 있는, 바탕이 알려져 있는 나무의 뿌리가 아니다. 그것은 어떤 완전히 추상적인 것이고 그러면서도 최고로 구체적인 것이다. 그것은 습관적이 되어 버린 의미 연관이라는 니스[칠]가 벗겨져 나간 존재하는 모든 물건의 실체이고 '추잡한 나체'의 현존재, 그 어떤 전혀 배리적(背理的)인 것, 실존과 실존에 대한 구역질로의 길을 열어 주는 열쇠이다.

어떤 것은 보통 상대적으로 다른 것과의 관계에 있어서 배리적일 뿐으로서, 예컨대 정상적인 말과의 관계에 있어서 미치광이의 말이 배리적인 것과도 같은 것이다. 그러나 실존의 경험은 결코 다른 것에 대하여 상대적인 것이 아니라, 그것은 절대적인 것이고, 절대적으로 배리적인 것이다. 그것은 다른 그 무엇으로부터도 이끌어 낼 수가 없고, 그 무엇으로도 설명할 수가 없다. 그것은 다른 어떤 것과의 관계에 있어서의 어떤 것이 아니기 때문이다. 그것은 뚜렷이 규정된 특성이라는 것은 전혀 가지고 있지 않고, 모든 특성은 쓸모없는

창조와 실존 173

덧붙임이 되고 남아 있는 것이라고는 오로지 실존 그 자체뿐이다. 실존에 있어서 본질적인 것은, 벌거숭이의 사실 - 존재라는 우연적인 것뿐이다.

사르트르는 이 기술(記述)을 끝맺음에 즈음하여 다음과 같이 기술하고 있다. 모든 실존하는 것의 이 절대적 우연성을 개념적으로 파악한 사람들이 있기는 있지만, 그런 사람들은 이제까지 이 우연을 지배해 보려고 시도하여, 필연적으로 실존하는 것을 제멋대로 덧붙여서 만들어 낸 것이다. 이 필연적으로 실존하는 것이라는 것은, 전통적인 규정에 따르면, **자기원인**(自己原因) 존재로서의 신이다. 그러나 신이라는 것이 있다고 하더라도, 역시 실존을 설명할 수는 없을 것이다. 실존이라는 이 **벌거숭이의 사실**은 그 자체가 궁극적인 것, 절대적인 것, 전적으로 무목적인 것이기 때문이다. 그러한 사실을 뚜렷이 알면, 신체 속에서 심장이 소용돌이치고, 모든 것이 헤엄치기 시작하여, 구역질을 느끼게 된다.

『존재와 무』의 마지막 장에서 사르트르는, 인간의 실존의 '대자(對自)존재' 에서 출발하여 이윽고 도달한 최후의 귀결을 끌어내고 있지만, 이 귀결은 결국 우회로를 돌아서 전통적인 신의 개념에 되돌아와 있다. 이것은 결코 우연이 아니다. 사르트르는 근대 철학의 법식을 좇아서, 즉 데카르트의 법식을 좇아서, 두 개의 근본적으로 다른 존재 양식, 즉 대자존재(對自存在)와 즉자존재(卽自存在)가 있다고 하는 데서부터 출발한다. 인간 실존의 자기의식적인 대자존재는 간단히, 그대로 그것이 있는 바의 것이 아니고, 본질적으로 무화(無化)된 것, 말하자면 인간이 있는 바의 바로 그것이 아니라, 언제나 아직, 인간이 그것이 아닌 바의 것을 투기(投企)하고 있는 것이다.

인간은 자기 자신 및 세계를, 즉자적으로는 존재하지만 그 자신은 아직 그것은 아닌 그런 것을 행위적 무화적(無化的)으로 나의 것으로 만듦으로써 투기하며 실존한다. 인간은 오로지 무화로서의 대자로 **있음**에 불과하다. 긍정적인 존재의 측면에서 본다면, 이 무화적인 대자는 존재의 내부의 '구멍[穴]'이다. 이것은 극미(極微)의 무화(無化)인 듯이 보이지만, 그러나 이것만으로 즉자를 완전히 전복(顚覆)시키기에 충분하다. 그리고 이 전복이 '세계'이다. 실존적 개념으로서의 세계이다. 그러나 대자존재는 피할 수 없을 정도로 항상 즉자에 대하여 무화적으로 관계되어지고 있기 때문에, 그것의 절대성은 본래의 실체를 갖지 않는다. 즉, 그것은 **자기원인적**으로 있는 것이 아닌 그런 절대자이다. 그것은 자기 자신의 근거가 아니기 때문이다.

창조와 실존 175

대자의 사상성(事象性, Realität)은 단지 의문사적(疑問詞的)이고, 그것은 세계와 자기 자신을 향하여 물음을 세운다. 왜냐하면 스스로가 항상 물음 속에 서 있기 때문이다. 그리고 자신의 실존이라는 **이 물음** - 왜 자신이 **있는** 것이냐 하는 물음 - 에 대답하려고 하면 할수록 더욱더 그것은 불가능해진다. 인간은 바로 자신이 어디까지나 우연적 현존재임을 알고 있기 때문에, 자신이 자신을 정초할 수가 있는 것일까 하는 방향으로 묻는 것이다.

그러나 자신이 자신을 정초하려고 하는 이 시도는 반드시 실패한다. 그러나 이 시도를 방치할 수도 없다. 물론 대자는 본질적으로 즉자의 무화(無化)이지만, 그러나 무화라는 상(相)에 있어서도, 그래도 역시 **존재하는** 것을, 그것도 자신의 대항자(對抗者)와의 일시적인 통일에 있어서 존재하는 것을 그만둘 수가 없다. 헤겔은 즉자존재와 대자존재와의 모순을 '즉자 - 대자 - 존재'에 있어서 해소하지만, 사르트르는 이 헤겔의 해소를 충분한 근거를 지니고 단념하고, 또 **자기원인 존재**라는 개념을 실천이 불가능하고 모순이라고 간주하기 때문에, 결국 사르트르에게 남겨진 것은, 자기 자신의 근거이려고 하는 것이 인간적 대자존재의 수난성(受難性)이고, 이 격정적인 기도는 기도될 때마다 실패로 돌아가는 것이 자명하다고 하는 점을 악착같이 고집할 뿐이다.

사르트르는 다음과 같이 말하고 있다. 세계와 인간과 인간의 세계-내-존재는, **이 결여된 신**(Dieu mangue)을 제법 잘 실현할 수 있는 것 같이 모든 것이 진행된다. 인간의 모든 탐구와 물음의 목표는, 의식적으로 실존하는 인간이 자기와는 다른 식으로 존재하고 있는 것의 전체와의 관계에 있어서 보이고 있던 최초의 분열을 극복하고 **대자와 즉자**를 완전히 합치시키는 일, 즉 건전한 전체 존재를 성취하는 일이기 때문이라고. 그러나 인간이 신이 아닌 이상, 이 애절한 시도도 실패할 운명인 것이다.

인간이 무엇을 생각하고, 무엇을 행하고, 무엇을 기도하여도, 요컨대 인간이 하는 일은 모두가 같은 가치밖에는 지니지 못한다. 결국 모든 것은, 인간을 희생시켜서 **자기원인**은 부상시키고, 그러면서도 언제나 그것을 실현할 수가 없다는 것이 고작이기 때문이다. 그러니만큼 아무것도 않고 술에 취해 있건, 제 민족의 운명을 좌우할 정도의 큰 사업을 하건, 결국 귀착하는 곳은 같다 - 이렇게 말한다고 해서, 이것은 결코 빈정대는 말투는 아니다. 이런 말을 그리스도인이 말한다고 해도 별로 우습지도 않을 뿐더러, 사실 그리스도인도 가끔 이런 말을 하고 있다.[7]

자기원인존재의 존재론적 자족성(自足性)과 완전성이야말로 어떤 경우에 있어서도, 창조된 실존, 또는 유한한 실존의 불완전과 불충분을 헤아리는 척도를 제공한다. 인간 쪽에서 말한다면, 우연적이고 무본질(無本質)인 것으로 알려져 있는 실존은, 바로 그렇기 때문에 필연적이고 본질적인 실존을 척도로 삼아 자신을 헤아릴 수밖에 없는 것이다. 이러한 한에 있어서 사르트르의 무신론은 실로 무-신론(無-神論)이다. 즉 그리스도교적인 신의 신앙에서만, 그리고 그것이 파멸한 후에라야만, 나올 수 있는 무신론이다.

실존이 본질보다 앞서고, 전자가 후자를 흡수한다는 사르트르의 테제도 역시, 이미 그리스도교적인 유래를 지니고 있다. 신의 실존의 문제와 더불어 비롯하는 것은 그리스 철학도 그리스적인 존재-신학도 아니고, 그리스도교적인 신앙의 신학이다.

키케로의 『제신(諸神)의 본성에 관하여』에는, 이미 그 표제가 말하고 있듯이, 완전히 거꾸로 우선 제신의 본성으로서의 제신의 **본질**이 설문되고, 신적인 것의 존재는 거의 자명한 일로서 전제되고 있다. 증명되어야만 하는 것이, 고대에 있어서는 신의 본질이고, 그리스도교에 있어서는 신의 실존이라는 말인데, 서로 다른 것은, 그리스도교의 신은 눈에 보이지 않는 신앙의 신으로서 그것의 실존은 세계 안의 눈에 보이는 본질 내용이 있는 것을 매개로 삼아서 간취할 수도, 또 읽어낼 수도 없다는 사실에서 기인한다. 그런데 창조된 창조물의 세계에 관해서는 그것이 신의 의지에 의하여 무에서 산출된 것으로 되어있다. 그러므로 창조된 세계에 관하여서도, 역시 실존의 문제가 당연히 우위를 차지한다.

이렇듯이 실존의 문제가 이중으로 우위를 전하고 있는 사실로 헤아려서, 토머스는 엔스(ens)와 에센티아(essentia)를 에세(esse) 혹은 이프숨 에세(ipsum esse)와 구별한다. 이 에세라는 것은 엔스와 에센티아의 동사적(動詞的) 어원이다. 이미 존재하고 있는 존재자는 '무엇 무엇인 것(quidditas)'으로서, 그 '무엇 무엇으로 있음'을 통하여 그것은 분별할 수가 있고 정의할 수가 있다. 그러나 실존하는 것 중에서 **인자적**(因自的, per se)으로 실존하고 있는 것은 하나도 없다. 신만이 본질적으로 실존한다. 즉, 존재한다. 실존한다는 그것이 바로 그대로 신의 본질에 속하고 있는 것이다.

'무엇 무엇이 있는 것(Dass-sein)'의 의미에서의 존재의 문제는 창조 신앙에 터전을 두고 있는 것이지만, 이런 문제를 플라톤이나 아리스토텔레스는, 그렇게까지 철저하게 캐묻지를 않았다. 플라톤이나 아리스토텔레스에게는, 창조라는 사고방식에 의하여 규명된 실존개념의 그리스도교적인 그리스도교 이후적인, 비그리스도교적인 절대성, 또는 배리성이라는 것이 전혀 없었기 때문에, 그런 문제를 물을 리가 없다.

플라톤의 『티마이오스』에 있어서는 코스모스가 비록 아직 형태를 갖추지 못한 카오스라는 꼴이기는 하나, 잠세(潛勢態)로서는 항상 이미 있다. 아리스토텔레스가 열거한 것은 이미 실존하고 있는 어떤 그 무엇의 내재적인 제원리이기는 하지만, 결코 절대적인 시초라는 의미에서의 **원인**은 아니다. 아리스토텔레스도 플라톤과 마찬가지로 실존의 문제 그 자체에서부터 풀어가지는 않는다. 아리스토텔레스의 철학적인 경이는 창조의 놀라움에 대한 것이 아니라. 잠세적(潛勢的)이건 현실적이건 간에, 하여간 그것이 이미 존재하고 있는 한에 있어서의 존재자의 놀라운 점에 대한 것이기 때문이다.

따라서 그리스적인 존재 문제에 비하면, 토머스에서 사르트르로의 비약은 그리 대단한 것이라고는 할 수 없다. 그야 물론 사르트르에게는 실존의 놀라운 점, 즉 자체존재는 구역질을 일으킬 만한 배리성(背理性)이고, 토머스에게는 ㅓ182

그것이 신의 창조행위에 포함되어 있는 선의와 완전성의 눈에 보이는 표식이다.

실존에 대한 토머스의 경험과 사르트르의 경험은, 그 기분과 내실에 있어서 이렇듯이 동떨어져 있는 것이지만, 본질적인 **한 점**에 있어서 양자는 일치하고 있다. 즉 양자는 이미 아리스토텔레스가 하였듯이 '무엇 무엇이 있음'과 '무엇 무엇으로 있음'을, 그들의 규정 가능성과 이해 불가능성이라는 관점에서 구별할 뿐만 아니라, 토머스에게나 사르트르에게나, 자체존재, 즉 '무엇 무엇이 있음'의 편이 '무엇 무엇으로 있음'보다 우월한 결정적인 카테고리이다. 토머스의 사유에 있어서의 플라톤적·아리스토텔레스적인 측면이 어떠하든 간에, 토머스는 우선 신앙이 돈독한 그리스도인으로서 생각하고 있는 것이고, 신자로서 신과 그의 창조와의 사실적 실존을 생각하고 있는 것이다. 실존은, 사르트르에 와서야 비로소, 어떤 일회적인 우연의 사건으로 생각된 것이 아니고, 이미 토머스에 있어서도 그러했다.

10세기와 12세기의 아라비아 및 유대의 아리스토텔레스 학자[8]도, 실존이 전적으로 우연이라는 견해를 품고 있었다. 이런 견해와 매우 흡사한 말투를 토머스도 가끔 쓰고 있다. 토머스가 다른 아리스토텔레스 학자들과 비판적인 태도로 논쟁을 하는 것은, 그리스도교의 교의학자로서의 그 자신에게는, 실존의 표면적인 이 우연성이, 실은 모든 창조된 것들의 핵(核)이라고 생각되었기 때문이다.

아라비아의 아리스토텔레스 학자에 반대하여 토머스는, 본질을 척도로 삼고 실존을 헤아리면, 물론 그것은 단순한 우연인 듯이 보이지만, 존재하는 한의 존재자의 전체에서 출발한다면, 실존은 단지 예외적인 범주에 불과한 것이 아니라, 무조건적으로 보다 높은 차원임을 알게 된다. 왜냐하면 자체 존재가 없으면 존재도 본질도 있을 수가 없으니까 라고 말하고 있다.

이상에서 본 바대로라면, 파스칼에서 시작되어 사르트르에 이르러 극단화되어, 비그리스도교화되고 만 현대의 실존 개념은 창조설을 제거한 그리스도교적 토머스 학파적인 존재론이라고 할 수 있다.

주석

1) Ludwig Feuerbach, 『그리스도교의 본질(*Wesen des Christentums*)』, 11장 및 12장.
2) 바르트, 『교회 교의학(*Kirchliche Dogmatik*)』, 제3권 4장, 459p 이하 참조.

3) 하이데거, 『존재와 시간(*Sein und Zeit*)』, 266p와 228p 이하 및 284p 참조.
4) 바르트, 『교회 교의학』, 464p 이하.
5) 뢰비트, 『가난한 시대의 사상가 하이데거』, 제1장.
6) 하이데거, 『형이상학 입문(*Einführung in die Metaphysik*)』, 6p, 1953년.
7) 파스칼, 『팡세』, 단편 139.
8) 길송(E. Gilson), 『존재와 본질(*L'être et l'essence*)』, 1948년.

역자 후기

이 책은 칼 뢰비트의 *Wissen, Glaube und Skepsis*를 옮긴 것이다.

저자 뢰비트는 이미 우리나라에도 다소 알려져 있을 뿐만 아니라, 또 1958년에는 서울에 와서 '세계와 세계사'라는 제목으로 강연을 한 일도 있다. 그러니만큼 그에 관해서는 이미 알 만한 분들은 다 알고 있을 터이지만, 여기에 간단히 그의 경력과 사상을 소개한다.

칼 뢰비트는 1897년 뮌헨에서 독일인 아버지와 유대인 어머니 사이에 출생하였으며, 1919년부터 뮌헨 대학 및 푸라이부르크 대학에서 생물학, 사회학 및 철학을 공부하였다. 당시의 스승으로서는 막스 베버, 후설, 하이데거와 같은 서양 사상계의 거성들이 있어서, 자연히 뢰비트의 사색에 결정적인 영향을 주었다. 1923년 니체에 관한 철학 논문을 써서 뮌헨 대학을 졸업

하고는, 계속하여 19세기 및 현대의 철학 및 사회학을 연구하였다. 그 후 한때 이탈리아에 유학한 일이 있다. 1928년에는 말브르크 대학에 돌아와 하이데거 밑에서 철학을 강의하였다. 그러나 1935년에는 당시 정권을 장악하고 있던 나치의 인류 정책에 걸려 말브르크 대학에서 쫓겨나게 되었다. 그 후 이듬해 일본 동북대학의 초빙을 받아 일본에 가서 교편을 잡았다. 그가 추방된 이유는 그의 모친이 유대인이라는 사실 때문이었다. 뢰비트가 일본에 머무르고 있는 동안에 제2차 대전이 터지고, 나치가 일본과 동맹관계를 맺게 되자, 나치의 정책이 일본에까지 미쳐서, 1941년에 부득이 일본을 떠나서 미국으로 건너갔다. 미국에서 그는 1949년까지 하트포드 대학에서 철학을 강의하였고, 1952년까지는 New School for Social Research의 교수로 재직하였다. 1952년 드디어 야스퍼스의 후임으로서 하이델베르크 대학에 돌아갔다. 1973년 5월 24일에 세상을 떠났다.

그의 중요 저서는 다음과 같다.

Das Individuum in der Rolle des Mitmenschen(Verlag Mohr), 1928.

Nietzsches Philosophie der ewigen Wiederkehr des Gleichen, Berlin, 1935.

Von Hegel zu Nietzsche, Zürich und Stuttgart, 1941.

Weltfeschichte und Heilsgeschehen, Stuttgart, 1953.

M. Heidegger, Denker in durftiger Zeit, Frankfurt / M, 1953.

*Welt uns Weltgeschicht*e, 1958.

앞에서도 언급한 바와 같이 뢰비트는 철학계에서는 이미 미지의 사람이 아니다. 어떤 이는 뢰비트야말로 최고의 철학자 중의 한 사람이라고까지 높이고 있다. 하이데거와 사르트르의 철학을 극복하고, 그 위에 새로운 철학을 세우려고 애쓰는 뢰비트의 노력은, 입장에 따라서는 확실히 그만한 찬사를 바칠 만하다고도 할 수 있을 것이다.

그러면 그의 사상은 과연 어떤 것일까. 역자가 이해하는 한에서 뢰비트의 사상은 대략 다음과 같다고 본다.

정신사(精神史)를 전공한 뢰비트는, 서구에서의 철학의 자취를 더듬어 검토한 후, 드디어 현재 철학이 막다른 골목에 도달하여 혼란을 일으키고 있는 원인(遠因)을, 철학과 그리스도교의 야합이라고 보고 있다. 즉 그리스도교적인 창조 사상이 본래의 철학의 바탕을 왜곡해 놓았기 때문에, 그리스 시대로부터 흐르고 있던 철학의 정통에 혼란이 야기되었다는 것이다. 그러므로 뢰비트는 철학은 다시금 철학의 본영토로 되돌아가야만 한다고 한다. 그러기 위해서는 아직도 그리스도교의 창조설의 사상에 물들지 않은 그리스 철학의 모습으로 돌아가야만 한다고 한다.

그리하여 뢰비트는 우선 철학이 진정한 철학이 되기 위하여서는 그 출발점에서부터 바르게 출발하여야 한다고 한다. 그리스도교가 철학에 가미된 이래로, 거의 대부분의 철학자가, 그 자체로 존재하여 시종여일할 뿐만 아니라, 그 자체로서 영속하는 것에 관한 지식을 추구하기보다는, 오히려 인간을 문제 삼고 역사와 시대에 더 많은 관심을 베풀고 있다. 그러면 철학은 어디에서부터 시작해야 하는 것일까? 세계와 인간과 신 - 이 세 가지 중에서 철학이 진정한 출발점으로 삼아야 하는 것은 어느 것일까? 그리스도교에서 말하듯이, 세계와 인간이 신에 의하여 무에서 창조된 것이라고 맹목적으로 믿을 수 없는 철학자는, 모름지기 겸손하게, 있는 그대로 있고 변함이 없는 존재인 자연의 코스모스를 파악하려는 데서부터 시작해야 한다. 즉, 그리스도교적인 신앙의 터전에 서지 못한다면 - 그리스도교에서 말하는 무로부터의 신의 창조라는 신앙을 믿는 한, 뢰비트에 의하면, 그 사람은 이미 철학자가 아니라는 것이다 - 초기의 그리스 및 동양적인 세계관이야말로 사유의 터전이 되어야만 한다. 그 세계는 시작도 없고 종말도 없고, 영원불변한 근원적인 자연이다. 철학이 시대에 따라서 변화하는 것을 탐구하는 학문이 아니고,

영원불변한 진실을 추구하는 학문이기 때문에, 고대의 그리스 철학의 관조적 사유야말로 진정한 철학의 태도가 아닐 수 없다. 중세는 물론이거니와 근세 철학도 그리스도교에 의하여 교란된 사유 속에서 철학하고 있기 때문에 철학의 근본 자세에서 벗어나 이탈되었다. 세계는 물론이거니와 인간도 변함이 없다. 변한 것은 인간의 세계관뿐이다. 사람은 어디까지나 사람이고, 사람은 언제까지나 사람을 낳지 개를 낳지는 않는다. 따라서 인간성에도 변함이 없다. 그럼에도 불구하고 인간을 역사와 관련시켜, 인간을 코스모스의 한 부분으로 보지 않고, 인간을 코스모스의 주인으로 간주하여, 인간을 철학의 중심에다 놓기 때문에 철학에는 혼란이 야기되었다. 그리고 인간을 철학의 출발점으로 삼게 된 것도, 실은 세계(코스모스)가 인간을 위해 창조되었다고 하는 성서적인 사고방식의 한 표현이다. 하이데거의 철학이 그리스도교적인 사유와는 동떨어진 철학 본래의 모습이라고 생각하는 사람이 있다면 그것은 잘못이다. 하이데거의 철학의 중심 개념인 존재 자체, 존재하는 모든 것의 피안에 있다고 하는 존재 자체도, 결국 따지고 보면 성서에서 말하는 신이나 꼭 같은 개념이다. 따라서 하이데거의 철학은 곧, 실은 무신론이 아니고 무-신론(無-神論)이다.

대략 이상과 같은 것이 뢰비트의 철학이다. 그리하여 그는 근세에 있어서는 어느 누구보다도 니체를 가장 진정한 철학자로 간주하고 있다. 누구보다도 가장 하이데거의 영향을 많이 받고 또 사사(師事)한 뢰비트가, 하이데거를 이렇게 부정하고 넘어서는 과정은, 사상의 역사가 지닌 운명일 것이다. 무릇 어떠한 철학일지라도 극복되지 않은 것이 없다. 앞선 것을 넘어서 나아가려는 것이, 인간의 본성이 지닌 욕구이고 운명일 뿐만 아니라, 철학의 운명이기도 하다. 정신사 연구에 있어서 뛰어난 업적을 남긴 뢰비트가 인류의 전체 정신사를 회고하고, 검토하고 난 후에 도달한 이상과 같은 결론에 대하여, 역자는 새삼스레 논평을 가하고 싶지는 않다. 다만 신앙에 설 수 없는 철학자의 비장한 노력의 모습을 뼈저리게 느낄 따름이다.

『지식과 신앙, 그리고 회의』 전편에 흐르고 있는 사상 역시 앞에서 언급한 뢰비트의 사상을 벗어나지 않고 있다. 역자는 그의 사상에 끌렸다기보다도, 그가 이 책의 제목에 좇아서 철학적 회의와 신앙적 비약을 뚜렷이 역사적으로 구별하여 정리한 점에 매력을 느꼈던 것이다. 정신사를 연구한 철학자라서인지, 그의 솜씨는 놀랍도록 명쾌하다. 그리고 그의 태도 역시 매우 솔직하다. 그는 철학은 철학이고, 신앙은 신앙이다 하는 식으로 명백히 이 양자의 차원을 구별하고, 구차하게 매개를 통한 종합을 꾀하려 하지 않는다. 신앙은 배리(背理)이기 때문에 철학과는 애당초 인연이 없다, 현대의 서구 철학이 지닌 모호성은 이 양자를 혼동한 데서 기인하고 있다고 뢰비트는 단정한다. 지식을 사랑하는 사람은 신앙으로의 비약을 삼가고, 소크라테스의 회의에 머물러야 한다. 신이 인간을 위하여 무에서 천지를 창조하였다는 식의, 논리에 맞지 않는 말을 억지로 믿지 않고, 있는 것을 있는 것 그대로 논리에 맞게 생각하며 살자는 것이다. 이런 뢰비트의 태도는 자연적 세계에 버티고 선 회의론이고 현재의 실존주의자들에 대한 맹렬한 공격이기도 하다.

그러나 이러한 스토아적인 초연한 태도를 감당해 낼 인간이 과연 몇이나 될지는 의문이다. 이런 태도는 키르케고르의 말을 빌린다면, 인생의 여러 단계의 윤리적인 단계에 해당되는 것이 나 아닐까? 뢰비트의 말대로 인간 역시 세계 속의 일부분이라고 하더라도, 뢰비트 자신이 인간의 본성을 논한 곳에서 언급하고 있듯이, 전적으로는 아닐망정 "인간은 동물과도 다르고 또 무기물과도 다른 존재다. 인간의 본성은, 최초부터 인간적이다." 그러므로 인간의 이 '인간적'인 본성은, 뢰비트도 인정하고 있듯이, 초월을 원하고 또 시도한다. 이 초월의 정체는 무엇일까? 신앙이라고밖에 달리 말할 수가 없을 것이다. 그렇다면 신앙으로의 비약을 거부하는 그의 태도는 모순이 아닐까? 역자는 지금 여기서 구태여 시비를 따지지 않겠다. 또 이런 후기는 그런 것을 따질 장소도 아닐 것이다.

그러나 뢰비트의 명석한 두뇌가 가려놓은 신앙과 지식, 그리고 회의와 결단의 역사적인 자취, 즉 소크라테스 이래 오늘날의 하이데거와 사르트르까지 지식과 신앙을 각 사상가들이 어떻게 보고 따져 왔는가 하는 자취는, 오늘날 철학과 신앙의 문제를 혼동하여 갈피를 잡지 못하고 헤매는 세대에 한 줄기 빛을 던져줄 것이라고 믿어 의심하지 않는다. 차원을 달리하는 철학과 신앙을 뚜렷이 구별해서 인식하지 못하는 데, 오늘의 사상의 비극이 있다는 뢰비트의 말은 명언이다.

임춘갑